近畿圏版⑤ 使いやすい！教えやすい！家庭学習に最適の問題集！

近畿大学附属小学校
帝塚山小学校

2021年度版 過去問題集

<問題集の効果的な使い方>

①お子さまの学習を始める前に、まずは保護者の方が「入試問題」の傾向や難しさを確認・把握します。その際、すべての「学習のポイント」にも目を通しましょう。
②入試に必要なさまざまな分野学習を先に行い、基礎学力を養ってください。
③学力の定着が窺えたら「過去問題」にチャレンジ!
④お子さまの得意・苦手が分かったら、さらに分野学習をすすめレベルアップを図りましょう!

最新の入試問題と特徴的な出題を含めた全40問掲載

合格のための問題集

近畿大学附属小学校

記憶	1話5分の読み聞かせお話集①②
図形	Ｊｒ・ウォッチャー９合成
図形	Ｊｒ・ウォッチャー46「回転図形」
推理	Ｊｒ・ウォッチャー47「座標の移動」
数量	Ｊｒ・ウォッチャー38たし算・ひき算1

帝塚山小学校

記憶	お話の記憶問題集 中級編・上級編
数量	Ｊｒ・ウォッチャー15「比較」、58「比較②」
図形	Ｊｒ・ウォッチャー46「回転図形」
推理	Ｊｒ・ウォッチャー47「座標の移動」
言語	Ｊｒ・ウォッチャー60「言葉の音(おん)」

●資料提供●
くま教育センター

ISBN978-4-7761-5314-6
C6037 ¥2300E
9784776153146
1926037023005
日本学習図書 ニチガク
定価　本体2,300円＋税

こんなこと…ありませんか？

「ニチガクの問題集…買ったはいいけど、、、
この問題の教え方がわからない（汗）」

メールでお悩み解決します！

- ☆ ホームページ内の専用フォームで必要事項を入力！
- ☆ 教え方に困っているニチガクの問題を教えてください！
- ☆ 確認終了後、具体的な指導方法をメールでご返信！
- ☆ 全国どこでも！スマホでも！ぜひご活用ください！

＜質問回答例＞

アドバイス

推理分野の学習では、後の学習に活きる思考力を養うことができます。ご家庭で指導する場合にも、テクニックにたよらず、保護者の方が先に基本的な考え方を理解した上で、お子さまによく考えさせることを大切にして指導してください。

Q.「お子さまによく考えさせることを大切にして指導してください」と学習のポイントにありますが、考える習慣をつけさせるためには、具体的にどのようにしたらいいですか？

A. お子さまが考える時間を持てるように、質問の仕方と、タイミングに工夫をしてみてください。
たとえば、「答えはあっているけど、どうやってその答えを見つけたの」「答えは○○なんだけど、どうしてだと思う？」という感じです。
はじめのうちは、「必ず30秒考えてから手を動かす」などのルールを決める方法もおすすめです。

まずは、ホームページへアクセスしてください!!

https://www.nichigaku.jp　日本学習図書　検索

目指せ！合格！

家庭学習ガイド

近畿大学附属小学校

入試情報

応 募 者 数：男女 120 名
出 題 形 式：ペーパー、ノンペーパー
面　　　接：保護者
出 題 領 域：ペーパー（図形、数量、推理、常識、お話の記憶）、
生活巧緻性、行動観察

入試対策

2020 年度の入試内容も、例年と比べて大きな変化は見られません。本年度入試では、本番の入試とは別に、保護者面接が９月下旬に行われました。保護者面接では、「しつけで１番大切にしていることは何ですか」「お子さまの自慢できるところはどんなところですか」「お子さまがお友だちに無視をされた時にどう対応しますか」などお子さまについての質問や、「本校の行事で興味のあった行事は何ですか」「体験入学などで、お子さまはどれを気に入っていましたか」など学校に関する質問などがありました。ペーパーテストは、ひと続きのお話に沿って、図形、数量、推理、常識などの分野の問題が出題される当校独特の形式が採られています。

●ペーパーテストでは、基本的な問題から発展的な問題まで、幅広く出題されています。まずは、基礎をしっかりと固めること。解答がほかにはないかという注意力、観察力などを伸ばしてください。
●常識の問題では、日常生活における知識やマナーについての問題が例年出題されています。日常生活において体験を通して習得することをおすすめします。
●行動観察は積極的に参加していること、指示をきちんと聞き取り把握すること、待っている時の態度などが重要です。

必要とされる力 ベスト６

チャートで早わかり！

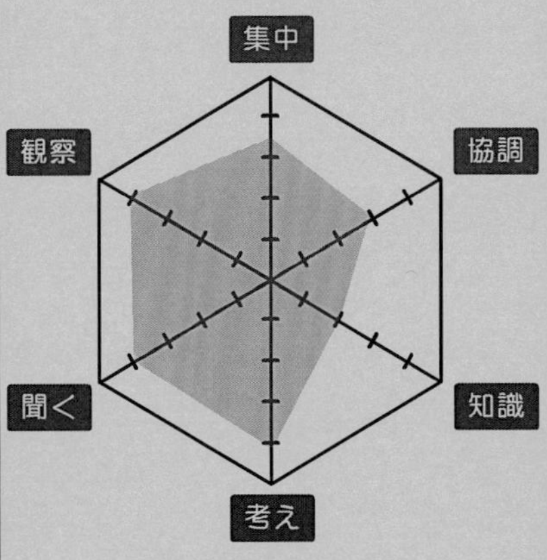

特に求められた力を集計し、左図にまとめました。
下図は各アイコンの説明です。

	アイコンの説明
集中	集　中　力…他のことに惑わされず１つのことに注意を向けて取り組む力
観察	観　察　力…２つのものの違いや詳細な部分に気付く力
聞く	聞　く　力…複雑な指示や長いお話を理解する力
考え	考える力…「～だから～だ」という思考ができる力
話す	話　す　力…自分の意志を伝え、人の意図を理解する力
語彙	語　彙　力…年齢相応の言葉を知っている力
創造	創　造　力…表現する力
公衆	公衆道徳…公衆場面におけるマナー、生活知識
知識	知　　識…動植物、季節、一般常識の知識
協調	協　調　性…集団行動の中で、積極的かつ他人を思いやって行動する力

※各「力」の詳しい学習方法などは、ホームページに掲載してありますのでご覧ください。http://www.nichigaku.jp

「近畿大学附属小学校」について

＜合格のためのアドバイス＞

当校の入試対策で非常に大切になることは、お子さまが日常生活の中で学んでいることを活かせているかどうかです。当校が求めている児童像については、「生活面」のことと関連付けて説明会で述べられていることや、実際の試験の中でも、ボタンがけなどの巧緻性の課題はもちろん、ペーパーテストで生活習慣や常識などの分野が出題されることからもうなずけます。

ですから、まずは当校がどのような児童を求めているのか、説明会などに積極的に参加し、保護者の方が自ら感じ取ることが必要といえます。というのも、保護者面接で説明会や体験入学についての質問がされますので、保護者の方の入試対策にもつながります。

ペーパーテストは、１つひとつ問題は違いますが、それぞれの問題文に共通のストーリーがある、当校独自の形式になっています。そのため、問題をただ解答するだけでなく、出題を「聞く力」も必要とします。お子さまにはしっかりと集中して聞くことを意識するように指導しましょう。問題の難しさは例年通り、一般的な小学校受験レベルのものですが、図形、数量、推理、常識、お話の記憶など幅広い分野の出題がされているため、バランスよく学習していく必要があります。

行動観察では、前述した通り、例年、衣服の着脱（体操服）、ひも結び、箸使い、ボタンかけなどの「生活面」を観る課題が出題されますが、どんな出題がされるのかも、例年説明会で述べられるそうです。

〈2020 年度選考〉

◆保護者面接（考査日前に実施）
◆ペーパーテスト
◆行動観察

◇過去の応募状況

2020 年度	男女	120 名
2019 年度	男女	150 名
2018 年度	男女	147 名

入試のチェックポイント

◇受験番号は…「願書提出順」
◇生まれ月の考慮…「なし」

〈本書掲載分以外の過去問題〉

◆数量：全体の数と見えている数から、隠れているものの数を考える。[2015 年度]
◆系列：あるお約束事に沿って並んでいる図形をもとに、空欄をうめる。[2012 年度]
◆推理：絵を見て、絵に書かれた状況がどう進展するかを考え、話す。[2012 年度]
◆言語：ドキドキ、ソワソワなどを表す絵を見つける。[2015 年度]
◆常識：鳴く虫、ヒマワリの種、半分に切った野菜の絵を見つける。[2015 年度]

目指せ！合格！

家庭学習ガイド
帝塚山小学校

入試情報

応募者数：男女 非公表
出題形式：ペーパー、ノンペーパー
面　　接：保護者
出題領域：ペーパー（記憶、図形、推理、言語）
　　　　　口頭試問、運動、行動観察

入試対策

例年通り、ペーパー、運動、面接、口頭試問、行動観察が行われました。ペーパーテストでは、お話の記憶、図形、推理、言語に関する分野が例年出題されています。説明会では出題傾向が説明され、その分野がそのまま出題されているので、志望される方は説明会に必ず参加されることをおすすめします。口頭試問では、絵を見せた後にその説明と感想を求められました。例年通り１人での試問と、５人程度での試問の両方が行われたようです。

●行動観察は、例年通り、グループでの作業が行われました。日頃から、はじめてのお友だちとも協力できるように心がけてください。

●保護者面接は、試験日前に実施されます。保護者に対する質問内容は、説明会や公開授業の印象や感想、そして、「しつけで気を付けていることは何ですか」「どのような大人になってほしいですか」「お休みの日は、お子さまとどのように過ごされていますか」など、家庭教育・育児に関することなど幅広く質問がされます。

必要とされる力　ベスト６

チャートで早わかり！

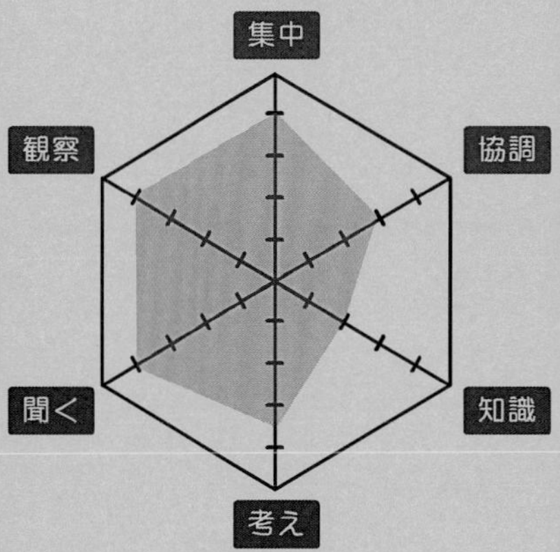

特に求められた力を集計し、左図にまとめました。
下図は各アイコンの説明です。

	アイコンの説明
集中	集　中　力…他のことに惑わされず１つのことに注意を向けて取り組む力
観察	観　察　力…２つのものの違いや詳細な部分に気付く力
聞く	聞　く　力…複雑な指示や長いお話を理解する力
考え	考える力…「～だから～だ」という思考ができる力
話す	話　す　力…自分の意志を伝え、人の意図を理解する力
語彙	語　彙　力…年齢相応の言葉を知っている力
創造	創　造　力…表現する力
公衆	公衆道徳…公衆場面におけるマナー、生活知識
知識	知　　　識…動植物、季節、一般常識の知識
協調	協　調　性…集団行動の中で、積極的かつ他人を思いやって行動する力

※各「力」の詳しい学習方法などは、ホームページに掲載してありますのでご覧ください。http://www.nichigaku.jp

「帝塚山小学校」について

〈合格のためのアドバイス〉

当校を志望される方は、公開行事や説明会などへの参加が不可欠です。特に説明会では入試出題傾向についての説明があります。とはいえ、ただ参加するのでは意味がありません。事前に学校が発表している入試情報、過去の出題などを把握してから参加するようにしてください。そうすることで、説明される入試観点、ポイントなどへの理解が深まります。保護者面接では例年、公開行事や説明会のことについて聞かれます。その点でも参加は不可欠ということになります。

当校は、テスト前に練習問題を実施するなど、ていねいな入学試験が行われています。試験では、聞く力、理解力が求められるとともに、さまざまな学習を行う以前の、基本的な躾が身に付いていることも大切です。当校の入試対策は、各分野の力を個別に付けていくというよりは、全体のバランスを向上させることを心がけてください。そのためのポイントとして、得意分野と苦手分野の評価基準を変えてみるとよいでしょう。得意分野では正確さとスピードを両立させ、難度の高いことができた手応えをお子さまに実感させます。苦手分野では、「正解できた」「考え方が良い」など、解けたこと・考え方を評価し、自信を持たせるようにするとよいでしょう。

また、口頭試問は、正しい言葉遣いで、大きな声で話すことを心がけてください。１対１で、自分の意見・考え方を言える練習は必ずしておきましょう。

ペーパーテストは基本的な問題が中心ですが、それでも、出題の仕方によっては、はじめてみるような問題となることもあります。まずは、指示をしっかり聞き取って、理解してから問題に取り組むことを習慣付けさせてください。

学校は説明会などでも、学校をよく知って受験してほしいと伝えていますが、その考えは面接における質問内容にも反映されています。保護者の方は「学校をよく知る」ことをはじめとし、さまざまな質問に対応できる準備をこころがけましょう。

〈2020年度選考〉

- ◆保護者面接（考査日前に実施）
- ◆ペーパーテスト
- ◆運動・行動観察
- ◆個別面接・集団での口頭試問

◇過去の応募状況

2020年度 男女	非公表
2019年度 男女	118名
2018年度 男女	88名

入試のチェックポイント

◇生まれ月の考慮…「あり」
◇受験番号…「願書提出順」

〈本書掲載分以外の過去問題〉

- ◆推理：お約束通りにものが並んでいる中の空所に入るものを考える。［2016年度］
- ◆比較：２つの絵を重ねてできる形を探す。［2015年度］
- ◆比較：基準となるシーソーを見て、重さを比較する。［2014年度］
- ◆図形：４つの図形の中から、１つだけ違うものを探す。［2017年度］

近畿大学附属小学校
帝塚山小学校
過去問題集

〈はじめに〉

現在、少子化が叫ばれているにもかかわらず、私立・国立小学校の入学試験には一定の応募者があります。入試は、ただやみくもに学習するだけでは成果を得ることはできません。志望校の過去における出題傾向を研究・把握した上で、練習を進めていくこと、その上で試験までに志願者の不得意分野を克服していくことが必須条件です。そこで、本問題集は小学校を受験される方々に、志望校の出題傾向をより詳しく知って頂くために、過去に遡り出題頻度の高い問題を結集いたしました。最新のデータを含む精選された過去問題集で実力をお付けください。

また、志望校の選択には弊社発行の「**2021年度版　近畿圏・愛知県　国立・私立小学校　進学のてびき**」をぜひ参考になさってください。

〈本書ご使用方法〉

◆出題者は出題前に一度問題を通読し、出題内容などを把握した上で、〈準　備〉の欄に表記してあるものを用意してから始めてください。
◆お子さまに絵の頁を渡し、出題者が問題文を読む形式で出題してください。問題を読んだ後で、絵の頁を渡す問題もありますのでご注意ください。
◆「**分野**」は、問題の分野を表しています。弊社の問題集の分野に対応していますので、復習の際の目安にお役立てください。
◆問題番号右端のアイコンは、各問題に必要な力を表しています。詳しくは、アドバイス頁（ピンク色の紙１枚目下部）をご覧ください。
◆一部の描画や工作、常識等の問題については、解答が省略されているものがあります。お子さまの答えが成り立つか、出題者が各自でご判断ください。
◆〈時　間〉につきましては、目安とお考えください。
◆解答右端の［**○年度**］は、問題の出題年度です。［**2020年度**］は、「2019年の秋から冬にかけて行われた2020年度入学志望者向けの考査で出題された問題」という意味です。
◆**学習のポイント**は、指導の際にご参考にしてください。
◆【**おすすめ問題集**】は各問題の基礎力養成や実力アップにお役立てください。

〈本書ご使用にあたっての注意点〉

◆文中に**この問題の絵は縦に使用してください。**と記載してある問題の絵は縦にしてお使いください。
◆〈準　備〉の欄で、クレヨンと表記してある場合は12色程度のものを、画用紙と表記してある場合は白い画用紙をご用意ください。
◆文中に**この問題の絵はありません。**と記載してある問題には絵の頁がありませんので、ご注意ください。なお、問題の絵の右上にある番号が連番でなくても、中央下の頁番号が連番の場合は落丁ではありません。
下記一覧表の●が付いている問題は絵がありません。

問題１	問題２	問題３	問題４	問題５	問題６	問題７	問題８	問題９	問題10
									●
問題11	問題12	問題13	問題14	問題15	問題16	問題17	問題18	問題19	問題20
●	●								
問題21	問題22	問題23	問題24	問題25	問題26	問題27	問題28	問題29	問題30
					●		●	●	
問題31	問題32	問題33	問題34	問題35	問題36	問題37	問題38	問題39	問題40
					●				

㊢ 先輩ママたちの声！

◆実際に受験をされた方からのアドバイスです。
是非参考にしてください。

近畿大学附属小学校

・説明会にて、行動観察の出題傾向の説明がありました。設問の説明をして、この中から数問出題しますと言われました。

・本の読み聞かせをたくさんしました。読み聞かせが親子の習慣になったことはとてもよかったと思います。また、話の聞き取りもしっかりできるようになったので、毎日の読み聞かせを、ぜひおすすめします。

・子どもの行動は、試験や面接中にはもちろんのこと、待機中なども観られていたと思います。会場では気を抜くことなく過ごすように 注意したほうがよいです。

帝塚山小学校

・今年度も説明会にて、考査の出題傾向の説明がありました。実際の試験では、説明があった内容の問題がそのまま出題されました。また、願書の書き方の細かな説明もありましたので、受験される場合は必ず参加されるのがよいと思います。

・保護者面接では、体験入学や説明会の印象について聞かれた方もいたようです。説明会だけでなく、学校を深く理解するためにも公開行事には参加した方がよいと思います。

・ペーパーテストは問題を解く力はもちろんですが、「聞く力」も問われているのだと痛感しました。

・面接時は先生が細かくメモをとられていました。

〈近畿大学附属小学校〉

※問題を始める前に、本文１頁の「本書ご使用方法」「ご使用にあたっての注意点」をご覧ください。
※本校の考査は、鉛筆を使用します。間違えた場合は訂正の印（×）で訂正し、正しい答えを書くよう指導してください。

保護者の方は、別紙の「家庭学習ガイド」「合格ためのアドバイス」を先にお読みください。
当校の対策および学習を進めていく上で、役立つ内容です。ぜひ、ご覧ください。

2020年度の最新問題

※ペーパーテストは、ひと続きのお話を聞きながら、さまざまな問題（問題１～問題８）に解答していくという形式で行われます。

問題1　分野：常識（季節・マナー）

公衆　知識

〈準　備〉　鉛筆

〈問　題〉　①ワンダは、イヌの男の子です。お友だちのワンワンと夏に咲く花を今度いっしょに見に行くお約束をしました。どのお花をワンダは見に行くでしょうか。○をつけてください。
②ワンワンが「あのマークって何を意味するの？」とワンダに聞きました。ワンダは、「あのマークは危険があったらここから逃げてねという意味だよ」と答えました。ワンダがワンワンに教えたマークはなんですか、○をつけてください。

〈時　間〉　各20秒

〈解　答〉　①左端　②左端

［2020年度出題］

学習のポイント

当校では、１つのストーリーに沿ってさまざまな分野の問題が出題されるという独特の形式をとっています。登場人物がワンダというイヌであること以外、一般的な問題と大きな違いはありませんから、特に対策を取る必要はないでしょう。この問題で観られているのは、お子さまの年齢相応の知識の有無です。夏の花や「危険があったらここに逃げてね」ということを聞いて、すぐ何のことかわかるかどうかです。お子さまが間違えてしまうのであれば、単純に聞かれているものを知らないからでしょう。季節に関しての知識、年齢相応の日常生活をしていれば、見たことのある標識などは、当校に限らず、小学校受験では頻出ですから、お子さまが知らないということはないようにしましょう。知識を増やすためには実際に見に行くことをおすすめします。今ではさまざまなメディアを通して間接的に知ることはできますが、①のような季節を聞いている問題の場合だと、その方法で季節を体感するには限界があります。ですから、季節ごとの旬を実際に探しに行ってみるなどして、直接見ることをおすすめします。標識については、見かけたら「あれは何の意味を表してるのかな？」と質問してあげてください。これを繰り返していけば、自然と標識の意味を理解するようになります。

【おすすめ問題集】

Ｊｒ・ウォッチャー34「季節」、56「マナーとルール」

問題2　分野：図形（座標の移動）

観察　集中　考え

〈準 備〉　鉛筆

〈問 題〉　①上の約束を見てください。ワンダが「◆△△」と進むと、どこに止まりますか。止まるところに○をつけてください。
②ワンダはお母さんのためにリンゴを買いに行きます。リンゴを手に入れるためにはどう進めばよいでしょうか。上の約束どおりにマークを書いてワンダをリンゴまで連れてってください。

〈時 間〉　①30秒　②３分

〈解 答〉　①クリ　②下記参照（解答例）

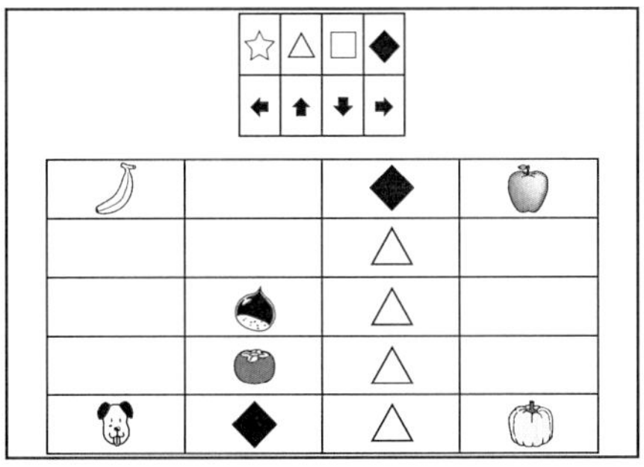

［2020年度出題］

学習のポイント

上の条件を見て、ワンダを移動させる「座標の移動」の問題です。ここで観られているのは、条件をしっかりと理解できているかどうかです。１つひとつの条件を確かめながら問題を進めていくことはもちろんよいですが、この問題は一般的な「座標の移動」の問題と違い、条件をマスに書いていくという形式なので、書く時間も求められます。そのため１つひとつ条件を確認していくことはできません。いかに頭の中で条件を理解し解答していくかが大切になります。類題に繰り返し解くことも大切ですが、最も付けたい力は、「条件を理解する力」です。１つの問題で条件を変えてみることも試してみましょう。

【おすすめ問題集】

Ｊｒ・ウォッチャー47「座標の移動」

問題３　分野：図形（回転図形）

観察　考え

〈準備〉　鉛筆

〈問題〉　ワンダはお父さんに買ってもらった色鉛筆で左の図形を描きました。この図形を矢印の方向へ回転するとどうなりますか。正しいと思うものに○をつけてください。

〈時間〉　各15秒

〈解答〉　①右端　②右端

［2020年度出題］

家庭学習のコツ③　効果的な学習方法～問題集を通読する

過去問題集を始めるにあたり、いきなり問題に取り組んではいませんか？　それでは本書を有効活用しているとは言えません。まず、保護者の方が、すべてを一通り読み、当校の傾向、ポイント、問題のアドバイスを頭に入れてください。そうすることにより、保護者の方の指導力がアップします。また、日常生活のさまざまなことから、保護者の方自身が「作問」することができるようになっていきます。

学習のポイント

当校において図形の問題は例年よく出題されてます。この問題は回転図形の問題です。こういった問題で必要となる力は、頭の中の図形を回転させることがイメージできるかどうかです。例えば①の問題ですが、右に１回回転させると、１番大きい黒の三角形が下にくるということをすぐイメージできるかということです。ここで１番大きい黒の三角形で説明したように、こういった回転図形の問題は、その図形の特徴を見つけ、それを回転させると解きやすくなります。つまり、図形全体を見るのではなく、図形の特徴を回転させるということです。この方法で②の問題を解いていくと、図形の真ん中あたりにトイレのマークのようなものが描かれています。このマークを右に回転させたものは右端の図形しかありません。このようにして類題を繰り返し解いていくと、お子さまが意識して見れる図形の特徴が大きくなっていき、自然と図形自体を回転するイメージができるようになります。

【おすすめ問題集】

Ｊｒ・ウォッチャー46「回転図形」

問題4　分野：複合（数量・推理）

観察　考え

〈問題〉　①上の段を見てください。四角の中のイヌはワンダのお友だちのワンワンです。ワンワンは右から何番目にいますか。その数のサイコロの目に○をつけてください。

②下の段を見てください。ワンワンはそっくりの兄弟がたくさんいます。ワンワンと色もいっしょでそっくりらしいのですが、ワンワンの兄弟は何匹いますか。その数のサイコロの目に○をつけてください。

〈時間〉　各10秒

〈解答〉　①３　②４

［2020年度出題］

学習のポイント

この問題は、指示されたものを、全体から見つけ出して個数や順番を解答する問題です。それぞれ描かれている絵はどれも似ています。一見しただけではすぐに見つけられないものがほとんどなので、焦らず１つひとつ見ていくようにしていきましょう。指示されたものを探す時に、お子さま自身でルールを決めてしまえば、抜け目なく見つけることができます。例えば、上から下へ、左から右へというように見つける順番を決めてしまうというようにです。そうすることにより、見つける精度やスピードが上がっていきます。最初のうちは、保護者の方がお子さまにそのように促して指導していきましょう。類題を繰り返していくうちに、自然とお子さまはルールを無意識に使うようになっていきます。

【おすすめ問題集】

Ｊｒ・ウォッチャー14「数える」

問題5　分野：ひき算（数量）

集中　考え

〈準 備〉　鉛筆

〈問 題〉　ワンダは、パーティーの準備で大いそがし。お皿にケーキを載せようとしますが、このままではお皿が足りません。いくつ足りないでしょうか。下の四角にその数だけ○をつけてください。

〈時 間〉　30秒

〈解 答〉　○：3

［2020年度出題］

学習のポイント

この問題はお皿の数とケーキの数を引いて、答えを出す「ひき算」の問題です。数字を使った「たし算・ひき算」は小学校入学後に学習しますが、この問題のように小学校受験ではイラストを使った「たし算・ひき算」が当校に限らず、よく出題されています。ですから、絵を見て１～10までの数は一見してかぞえられるようにしておきましょう。それができていれば、ケーキが10個、お皿が７枚とわかり、お皿が３枚足りないことがわかります。ただこの問題はこの方法だけでなく、「ケーキ１枚、お皿１枚」をセットにして、余ったケーキの数が足りないお皿の数＝答えという方法もあります。どちらがお子さまにとってやりやすいかどうか、保護者の方はお子さまの学習段階を踏まえて指導するようにしてください。

【おすすめ問題集】

Ｊｒ・ウォッチャー38「たし算・ひき算１」、39「たし算・ひき算２」

問題6　分野：図形（積み木の四方観察）

観察　考え

〈準 備〉　鉛筆

〈問 題〉　ワンダは、積み木遊びでさまざまな形を作りました。問題の絵を見てください。左側の積み木を右の積み木に作りかえるには、積み木をいくつ動かせばよいでしょうか。下の四角にその数だけ○を書いてください。

〈時 間〉　30秒

〈解 答〉　○：4

［2020年度出題］

家庭学習のコツ④　効果的な学習方法～お子さまの今の実力を知る

１年分の問題を解き終えた後、「家庭学習ガイド」に掲載されているレーダーチャートを参考に、目標への到達度をはかってみましょう。また、あわせてお子さまの得意・不得意の見きわめも行ってください。苦手な分野の対策にあたっては、お子さまに無理をさせず、理解度に合わせて学習するとよいでしょう。

学習のポイント

この問題で観られているポイントは、見本の積み木の一部を動かして、それを違う視点から見てもイメージができるかどうかです。こういった問題は、ふだんから実物を使った学習をしておかないとお子さまは理解しにくいでしょうから、実際に問題同様に積み木を積んでいき、見てみましょう。そしてその後に積み木の一部を移動させ、さっき見ていた視点とは違う視点で全体を見るという作業を行いましょう。この作業を繰り返し行っていくと、頭の中でもイメージして積み木を積み上げられるようになります。

【おすすめ問題集】
Ｊｒ・ウォッチャー53「四方からの観察　積み木編」

問題7 分野：図形（合成）

観察　考え

〈準　備〉　鉛筆

〈問　題〉　ワンダたちは、パズル遊びもしています。問題７の絵を見てください。上の図形を使って、できない形が下の四角に１つあります。その図形を選んで○をつけてください。

〈時　間〉　30秒

〈解答例〉　下図参照

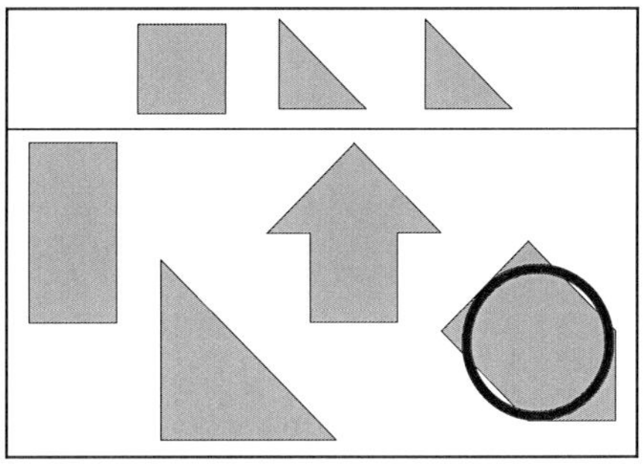

［2020年度出題］

学習のポイント

図形分野の問題は当校では例年出題されるので、どの分野が出てもいいように対策を取っておきましょう。ここでは、上のパーツを使って、できない図形がどれかを選ぶ問題が出題されました。この問題で大切なのは、「△と△を合わせたら、□になる」などの図形の特徴にすぐ気付けるかどうかです。もしお子さまが解けなかったのであれば、問題のパーツに似た実物（積み木やタングラム）を使って、学習してみましょう。お子さま自身で実際に図形と図形を組み合わせるということを直接体験することは、ペーパー学習を何度も繰り返すよりも理解が深まります。

【おすすめ問題集】
Ｊｒ・ウォッチャー９「合成」、54「図形の構成」

問題8　分野：お話の記憶

集中　考え　聞く

〈準備〉　鉛筆

〈問題〉　お話をよく聞いて質問に答えてください。

今日はあいにくの雨なので、ワンダとクマくん、ウサギさん、ネコさんは教室で絵を描いています。ネコさんが「あ～あ、天気がよかったらめいっぱい外で遊べたのに」と言っています。ウサギさんが「まあまあ、久しぶりに絵を描くのも楽しいじゃない？」といいました。ワンダが「ねえ、クマくんは何を描いているの？」と聞くと、「飛行機を描いているよ、今度飛行機に乗るんだ、すごく楽しみにしてるんだ」と言いました。「飛行機に乗ってどこへ行くの？」とウサギさんがクマくんに聞いたので、クマくんは海に行くと答えました。するとクマくんが「ねえ、ワンダ、飛行機の後ろに海も描きたいから、青の色鉛筆を貸してくれない？」とワンダにお願いをしたので、青の色鉛筆をクマくんに貸しました。「わたしは泳げないから、海に行ったことないの」とネコさんが言い、ワンダがネコさんの絵を覗いたら、ネコさんは大好きなケーキの絵を描いています。「ネコさんの絵を見ていたら、お腹空いてきちゃったよ」とワンダが言うので、みんなは笑いました。ウサギさんが「ねえねえ、ワンダは何を描くの？」と聞いてきました。「僕はね、青い空を描くよ」といい、青の色鉛筆を使おうとしましたが、ありません。クマくんに貸していたことを思い出し、「クマくん、さっき貸した青い色鉛筆返してくれない？」とクマくんに言いました。クマくんはそわそわし出しました。「あれ、さっきそこに置いていたんだけど…」、みんなで周りを探したけど、青の色鉛筆はなかなか見つかりません。ワンダはお父さんから誕生日に買ってもらった色鉛筆だったので、心がずうんと重くなりました。けど仕方がありません。クマくんも今にも泣き出しそうだったので、ワンダは「大丈夫だよ」と言ったら、「あれ？」とクマくんが言いました。クマくんがズボンのポケットを触っていたら、青の色鉛筆が出てきました。みんな大笑いしました。

（問題８の絵を渡す）

①１番上の段の絵を見てください。ネコさんが描いた絵はどんな絵ですか。選んで○をつけてください。

②上から２番目の段の絵を見てください。クマくんが飛行機で行く場所は、どこですか。選んで○をつけてください。

③１番下の段の絵を見てください。お話の「心がずうんと重くなってくるのでした」という場面で、ワンダはどんな顔をしていたと思いますか。選んで○をつけてください。

〈時間〉　各30秒

〈解答〉　①右端（ケーキ）
②左から２番目（海）
③右から２番目

［2020年度出題］

学習のポイント

当校では例年、お話の記憶の問題が出題されています。約800字と一般的な長さなので、日頃からお話の記憶の問題を学習しているお子さまにとってはそれほど難しくない問題でしょう。実際に①②はお話の内容のことを聞かれているので、しっかりと聞けば解けますが、③は「心がずうんと重くなる」という感情をイメージできないと解けない問題なので少し厄介かもしれません。保護者の方は日頃の読み聞かせの時に、登場人物がどう思ったのか、ということを意識させましょう。例えば、お話の途中で「登場人物がどう思ったのかな？」や「自分ならどうする？」というような質問をしてあげるだけでも、感情をイメージしながら聞くことができるようになります。さらに、それを繰り返すことで、つねにイメージしながらお話を聞くくせが身に付きます。読み聞かせの「仕方」を工夫してみましょう。

【おすすめ問題集】

1話5分の読み聞かせお話集①・②、お話の記憶 初級編・中級編・上級編、
Ｊｒ・ウォッチャー19「お話の記憶」

問題9　分野：巧緻性

聞く　集中

〈準備〉　ハサミ、色鉛筆、衣服（ボタンのあるもの）

〈問題〉　（問題９－１の絵を渡す）
①線に沿って切ってください。
（問題９－２の絵を渡す）
②絵を好きな色で塗ってください。
③服のボタンを留めましょう。留め終えたら畳みましょう。

〈時間〉　適宜

〈解答〉　省略

［2020年度出題］

学習のポイント

例年行われている「生活テスト」です。説明会の時に「箸の持ち方、ぞうきんしぼり、ひも結び、スモック着脱・畳み、ハサミ、折り紙、色塗りの中から数問出題します」という説明があったそうです。お弁当箱を入れる巾着袋を結ぶことなど、小学校生活を送る上で必要となる基本的なことが身に付いているかが観られます。小学校に上がると、自分のことは自分でするのが基本です。お子さまのためにも、自分の身の回りのことは自分で行う習慣を付けさせましょう。また、指示を理解してその通りに行動できるかも、重要な観点です。学校の活動は集団行動を基本としますので、規律を守れる子どもや活動に積極的に参加できる子どもが、「当校の教育にふさわしい」と学校側は判断しています。お子さまが集団行動を苦手としている場合でも、食事は必ず家族そろってとったり、家庭でのお手伝いを任せるといった取り組みで、ある程度慣れさせることができます。

【おすすめ問題集】

Ｊｒ・ウォッチャー12「日常生活」、25「生活巧緻性」、30「生活習慣」

問題10　分野：口頭試問　聞く　話す

〈準備〉　絵本、輪投げ、けん玉、塗り絵、色鉛筆

〈問題〉　この問題の絵はありません。

※自由遊びをしている途中に呼ばれて、志願者と試験官の１対１で行う。

（質問例）

・お友だちがあなたの大切にしている色鉛筆をなくしてしまったら、あなたはどうしますか。

・今までどんな絵を描いたことがありますか。

・今日家に帰ったらどんな絵を描きたいですか。

※待機中は、準備した遊び道具の中から指定されたもので遊ぶよう指示がある。

〈時間〉　適宜

〈解答〉　省略

[2020年度出題]

学習のポイント

面接官との１対１で行われる口頭試問では、ペーパーテストや志願書類ではわからないお子さまの特徴が観られます。人と接する時の態度やマナー、言葉遣いの中に、家庭での躾の様子だけでなく、ご家庭の教育方針をお子さまから通して学校側は観ています。答える時は単語で返すことのないように、「はい、○○です」など、一旦返事をしてから答えるようにしましょう。また、質問に答えられないときは「わかりません」と答えても問題はありません。「わからないこと」をダメだと思い、無理やり答えて見当違いのことを言ってしまったり、黙ってしまうよりは、しっかりと伝えることが大切です。ただ、当たり前ですが、すぐにわからないと答えずに、一生懸命考えてから答えるようにしましょう。

【おすすめ問題集】

面接テスト問題集、新口頭試問・個別テスト問題集

問題11　分野：行動観察

聞く　協調　集中

〈準　備〉　行進に適した音楽、音楽再生機器、ケンパをする○をテープなどで貼る

〈問　題〉　**この問題の絵はありません。**

※この課題は12名のグループで行う。あらかじめ行進曲を再生しておく。

①「タン」という音がしたら、音のした回数と同じ人数でグループになって、手をつないで座ってください（２～４人のグループを作り、数回行なう）。

②４人ずつのグループに分かれてください。１列になって音楽に合わせて行進してください。すれ違う時にはお友だちとハイタッチしましょう。

③ゾウさん、アシカさん、ウサギさん、フラミンゴさんのどれかに変身して歩きましょう。

④ケンパをしましょう。

⑤今からお手本のように、「なべなべそこぬけ」「アルプス一万尺」で手遊びをしましょう。

⑥２人か３人の仲間を作ってください。ジャンケン列車をします。

〈時　間〉　適宜

〈解　答〉　省略

［2020年度出題］

学習のポイント

集団で行われる行動観察の課題では、集団の中でお子さまがどのように振る舞うかが観られます。まずは先生の指示をしっかりと聞き、まじめに課題に取り組むことが大切です。「積極的」であることはプラスに評価されますが、無理にリーダーとして振る舞う必要はありません。自分がすべきことを把握し、役割を果たせれば、それで充分です。というのも、お子さまがどういう個性を持っているのかは、個別で行われる口頭試問で学校側はしっかり観ているからです。ですから、お子さまの「積極性」がかえって「わがまま」になっていないか、注意してください。思い通りにならなければ気が済まないという気質の子がグループに複数いた場合、ゲームが成立しなくなってしまいます。日頃から、家族とのコミュニケーションやお友だちとの遊びを通し、集団の中でのマナーやルールを自然に身に付けながら、人を尊重し、場合によっては自分の気持ちを抑えて、人と協力しあうことを学ばせましょう。

【おすすめ問題集】

Ｊｒ・ウォッチャー29「行動観察」

問題12　分野：保護者面接

〈準備〉　なし

〈問題〉　**この問題の絵はありません。**

（質問例）

【父親への質問】

・志望理由をお聞かせください。
・お子さまが学校から帰ってきた時、お友だちから無視され落ち込んでいる様子です。どのようにお子さまに対応されますか。
・当校に対して、何か希望がありましたらお話してください。また事前に伝えたいことがあればお話ください。
・お子さまの自慢をしてください。

【母親への質問】

・お子さまと接していて「すごい」と思った時はどんな時ですか。
・しつけでこれだけはしっかりできているというところはどんなことですか。
・どんなお子さまですか。
・最近いじめなど学校で色々なトラブルがある世の中になりました。当校に対して何か要望はありますか。
・体験入学が何度かありましたが、お子さまはどれが1番気に入っていましたか。

〈時間〉　適宜

〈解答〉　省略

［2020年度出題］

学習のポイント

当校の面接は保護者面接で、試験日前に行われます。面接時間は約15分。当校の面接の特徴としては、お子さまのことを聞かれることはもちろんですが、「いじめ」に対する考えなども質問されることです。ですから、両親が共通した教育観や倫理観を持っていることが非常に大切と言えるでしょう。ただ、難しい質問だからといって、難しい用語を使ったりする必要はありません。ふだんから使っている言葉で、しっかりと自分の考えを言えるようにしましょう。それ以外の質問では例年、体験入学などについて聞かれることが多いので、学校行事はかならず参加するようにしましょう。

【おすすめ問題集】

新 小学校受験の入試面接Ｑ＆Ａ、面接テスト問題集、面接最強マニュアル

2019年度以前の過去問題

問題13　分野：常識（日常生活・マナー）

公衆　知識

〈準備〉　鉛筆

〈問題〉　ワンダは、とっても気弱なイヌの男の子です。今日は、お母さんとスーパーマーケットに来ています。そこでは、何人かしてはいけないことをしている子どもがいました。
問題13の絵はスーパーマーケットの絵です。この中で、してはいけないことをしている子に○をつけてください。

〈時間〉　30秒

〈解答〉　下図参照

［2019年度出題］

学習のポイント

当校では、１つのストーリーに沿ってさまざまな分野の問題が出題されるという独特の形式をとっています。今回は、ワンダがお母さんとスーパーマーケットに買い物に行くというお話に沿って、問題が展開されています。生活常識やマナーは、入試だから覚えるというものではありません。本来、年齢相応に自然と身に付いていくものです。ですが、多くの学校でこれらの分野からの出題があるのは、そうした常識やマナーを身に付けているかどうかを判断したいからなのです。行動観察にしても同様のことが言えると思いますが、学力以外の部分もしっかりと観る傾向が強くなっています。学校という集団生活にきちんと対応できるお子さまを、学校は求めています。お子さまなりの社会性や常識を、教え込むのではなく、自然と身に付けさせるようにしていきましょう。

【おすすめ問題集】

Ｊｒ・ウォッチャー12「日常生活」、56「マナーとルール」

問題14　分野：推理（系列）

観察　集中　考え

〈準備〉　鉛筆

〈問題〉　スーパーマーケットには、品物が順番通りに並んでいます。空いている□に入るものを、それぞれ右の絵から選んで○をつけてください。

〈時間〉　１分

〈解答〉　①左下（サンドイッチ）　②左上（モモ）　③左下（ニンジン）
④左（スプーン）　⑤真ん中

［2019年度出題］

学習のポイント

考え方としては、何個で１つのお約束になっているかを見つけることが基本になります。同じ絵柄（記号）だけを追いかけていくと、おおまかな規則性が見えてきます。単純化してみると、●○○○●○○○●……のようなパターンの場合、黒丸から次の黒丸の前までの４個で、１グループと推測することができます。これほど単純なパターンはないと思いますが、こうしたお約束の規則性を見つけられれば、後は当てはめていく作業になります。はじめのうちは頭で考える問題ですが、慣れてくると見ただけでパッと答えが浮かぶようになります。慣れることで、こうした感覚はつかめるようになるので、毎日の積み重ねを大切にしていきましょう。

【おすすめ問題集】
Ｊｒ・ウォッチャー６「系列」

問題15　分野：図形（合成）

観察　考え

〈準備〉　鉛筆

〈問題〉　問題の上の絵を見てください。ある品物の影が重なっています。下の絵の中から重なっている２つの品物をそれぞれ見つけて、○をつけてください。

〈時間〉　各30秒

〈解答〉　①パイナップル、バナナ　②ラケット、ラグビーボール

［2019年度出題］

学習のポイント

ものの全体像や特徴を形としてとらえられることが、本問のポイントとなります。影が２つの形から構成されているということを理解し、それぞれの形がわかれば、難しい問題ではありません。例えば①のパイナップルの葉のように、影の形の特徴的な部分に注目して、１つひとつの絵を確認していきましょう。また、そのままの角度で影になっているとは限りません。例えば②では、選択肢のラケットは右に傾いていますが、影は左に傾いています。そうした細かい部分に注意しましょう。本問ではありませんが、非常に似た形のものを選択肢として用意してあることもあります。正解しやすい問題だけに、そうした引っかけに惑わされてミスをしないようにしてください。

【おすすめ問題集】

　Ｊｒ・ウォッチャー９「合成」

問題16　分野：口頭試問（数量・推理）

話す　聞く　観察　考え

〈問題〉　**この問題の絵は縦に使用してください。**

ワンダは、スーパーマーケットの隣にある遊び場に来ました。

（問題16－１の絵を渡す）

①１番上の四角の絵を見てください。いくつかお花が飾られています。左側のお花と同じ花は、右側の絵の右から何番目にありますか。

②真ん中の四角の左側の絵を見てください。帽子掛けに飾りがついています。この中にある飾りと同じものは、右側の絵の下から何番目にありますか。

③１番下の四角の絵を見てください。ワンダは電車のおもちゃをつなげて遊ぼうと思いました。合わせて10両の電車にするには、どれを選べばよいか、教えてください。

（問題16－２の絵を渡す）

④上の四角を見てください。壁に、巣箱に入ったリスの絵が描かれています。この中でリスがいない巣箱はいくつありますか。

⑤下の四角を見てください。ワンダは、お友だちのウサギのピョコちゃんに会ったので、アメを交換することにしました。ワンダとピョコちゃんのアメの数はいくつ違いますか。

〈時間〉　各10秒

〈解答〉　①（右から）２番目　②（下から）４番目

③（車両が）２つのもの・３つのもの・５つのもの

もしくは

（車両が）１つのもの・２つのもの・３つのもの・４つのもの

もしくは

（車両が）１つのもの・４つのもの・５つのもの

の組み合わせ

④３つ

⑤２個

［2019年度出題］

学習のポイント

口頭で答える形式の問題です。確実に解ける問題なので、ミスのないように落ち着いて答えましょう。①②は似たような絵に惑わされないように、選択肢をしっかりと確認します。右から○番目、下から○番目と、答えの選び方の指定がありますので気を付けてください。③は解答が複数存在するので、答え合わせの後に、ほかの正解はないかを問いかけてみてください。④⑤は数え間違いに気を付ければ問題ありません。こうした単純な問題は、入試本番ではスピードが求められます。とはいえ間違ってしまっては何の意味もないので、確実に正解することが最優先です。スピードは、慣れれば上がるものなので、量をこなしていけば自然と解答時間は短くなっていきます。まずは、ミスをなくすことから始めていきましょう。

【おすすめ問題集】

Ｊｒ・ウォッチャー31「推理思考」、38「たし算・ひき算１」、39「たし算・ひき算２」

問題17　分野：数量（計数）

集中　考え

〈準備〉　鉛筆

〈問題〉　ワンダは、お友だちのゾウタくんやクマゴロウくんとカルタ遊びをしています。上の絵を見てください。左側の絵は、カード全部の枚数です。ゾウタくんとクマゴロウくんはそれぞれ１枚ずつ持っています。ワンダの持っているカードは何枚ですか。その数のサイコロを、右側の四角の中から選んで○をつけてください。できたら下の問題も同じようにしてください。

〈時間〉　各30秒

〈解答〉　①右上（目が２のサイコロ）　②左下（目が３のサイコロ）

［2019年度出題］

学習のポイント

10以下の数を扱った計数の問題です。すべてのカードからそれぞれが持っているカードの分だけ取り除いた残りが、ワンダの持っているカードの枚数となります。ひき算ができるなら、より簡単に解答を導き出すことができるでしょう。ゾウタくんとクマゴロウくんの持っているカードをまとめてから計算するなどの工夫をしてもよいでしょう。10以下の数については、合わせて５になる組み合わせを覚えたり、簡単な計算をできるように練習しておくとよいでしょう。こうした簡単な問題では気を抜きがちですが、簡単な問題こそしっかりと見直しをして、絶対にミスをしないようにしましょう。せっかく難しい問題が解けたとしても、ケアレスミスをしては台無しになってしまいます。どんな問題でも集中を切らさずに取り組みましょう。

【おすすめ問題集】

Ｊｒ・ウォッチャー38「たし算・ひき算１」、39「たし算・ひき算２」

問題18　分野：図形（積み木の四方観察）　観察　考え

〈準　備〉　鉛筆

〈問　題〉　ワンダたちは、次に積み木遊びでさまざまな形を作りました。問題の絵を見てください。左側の積み木を矢印の方から見ると、どのように見えますか。右側から選んで○をつけてください。

〈時　間〉　30秒

〈解　答〉　①右端　②右から２番目

［2019年度出題］

学習のポイント

立方体の積み木を重ねた問題では、いつも同じ目線で立体を観ることが大切です。例えば、右・中・左、あるいは奥・中・手前と縦の列で分けて見ると、わかりやすくなります。その過程で、立体物は見る方向によって見え方が変わる（ことがある）ということを感覚的に覚えましょう。それには、積み木などを使って、実際に目で見て感じることが１番の近道です。見る角度によって形が違うと言葉で言っても、深い理解にはなりにくいものです。あくまで人から教えられた情報を頭で理解しようとしているだけの状態です。それが実際の体験と組み合わさってより深い理解につながるのです。そうした経験を多く積むことで、立体を平面に置き換えたり、見えない部分を想像したりということができるようになります。ペーパーだけが学習ではないということを保護者の方は頭に入れておいてください。

【おすすめ問題集】

Ｊｒ・ウォッチャー53「四方からの観察　積み木編」

問題19　分野：図形（合成）　観察　考え

〈準　備〉　鉛筆

〈問　題〉　ワンダたちは、パズル遊びもしています。問題の絵を見てください。左側の形を作るのに、使わない形がそれぞれ１つずつあります。右側から選んで○をつけてください。

〈時　間〉　各30秒

〈解答例〉　下図参照

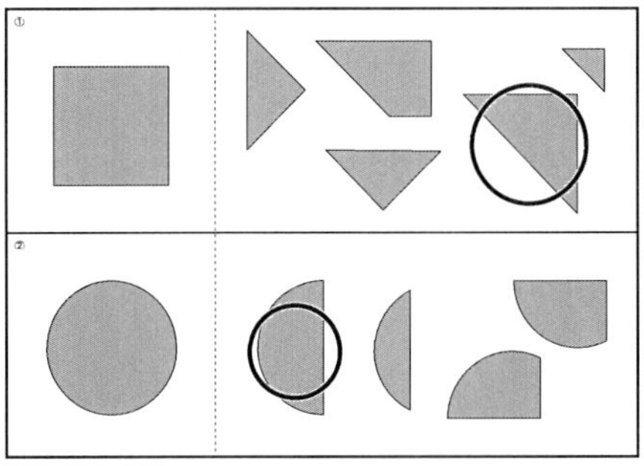

［2019年度出題］

学習のポイント

パズル問題では、大きい形から当てはめて考えるのが基本です。それは、大きい形を当てはめられるような場所が限られることと、残った部分の面積が小さくなり、考えやすくなるからです。また、本問では「使わない形が１つ」という条件が付いています。言い方を変えると、「左側の形を作って、パーツを１つ余らせてください」となります。なので、左側の形を作ってもパーツが２つ余ったら不正解となります。実際に①では、パーツを２つ余らせて左側の形を作ることができます。ほかにも、回転したり裏返したりしてはいけない、もしくはしてもよいなどといった、問題によってさまざまな条件があるので、聞き逃さないように注意しましょう。

【おすすめ問題集】

Ｊｒ・ウォッチャー９「合成」、54「図形の構成」

問題20　分野：お話の記憶

集中　考え　聞く

〈準 備〉　鉛筆

〈問 題〉　ワンダのお話にもどります。お話をよく聞いて質問に答えてください。

ワンダは、お母さんと一緒に、運動会に必要な運動靴と水筒をスーパーマーケットに買いに行きました。お母さんは、「走りやすい靴にしましょうね」と言うと、ワンダは「青い靴がいい！」と答えました。お店に着くと、まず靴売り場に行きました。青い靴はありませんでしたが、黒い星マークのついている靴が履きやすかったので、その靴を買うことにしました。次は水筒売り場に行きました。赤い紐で、新幹線の絵が描いてある水筒を買いました。買い物の後におもちゃ売り場の横を通った時、大好きな恐竜のキーホルダーを見かけたので、お母さんに「買って」とお願いしました。けれどもお母さんは買ってくれませんでした。その後、スーパーマーケットの遊び場で少し遊ぶことにしました。そこには、ウサギのピョコちゃん、ゾウのゾウタくん、クマのクマゴロウくんが居たので一緒に遊びました。しばらく遊んでいると、積み木の箱の横に、なんと、先程欲しいと思った恐竜のキーホルダーが落ちているのを見つけました。ゾウタくんは「あれ、誰のだろう」と言ったので、ワンダは、とっさに「これ僕のだ！」と言ってポケットに入れてしまいました。そして、今度はみんなで積み木遊びをすることにしました。遊びながらワンダは、ポケットに入れてしまったキーホルダーのことを考えると、心がずうんと重くなってくるのでした。「そろそろ帰りましょう」とピョコちゃんのお母さんが言ったので、それぞれみんなお家に帰ることになりました。ワンダは、みんなと別れてお母さんと２人になった時、「お母さん、このキーホルダーが遊び場に落ちていたんだ。僕、みんなについ『僕のだ』って言って、ポケットに入れてしまったんだよ」とお母さんに話しました。お母さんは黙ってワンダの話を聞き、そしてニッコリして言いました。「この落とし物は、お店に届けにいきましょう。ワンダ、今度の運動会で一生懸命がんばったら、あの恐竜のキーホルダーを買ってあげるわ」

（問題20の絵を渡す）

①１番上の段の絵を見てください。ワンダが買った靴はどんな靴でしたか。選んで○をつけてください。

②上から２番目の段の絵を見てください。恐竜のキーホルダーが落ちていた場所は、どこですか。選んで○をつけてください。

③１番下の段の絵を見てください。お話の「心がずうんと重くなってくるのでした」という場面で、ワンダはどんな顔をしていたと思いますか。選んで○をつけてください。

〈時 間〉　各30秒

〈解 答〉　①左から２番目（黒い星のマークのついた靴）

②左端（積み木の箱の横）

③右から２番目

［2019年度出題］

学習のポイント

800字程度の長さのお話に、設問が３～４問程度という形式が例年のパターンです。①②は、買ったもの、見つけた場所というオーソドックスなお話の記憶の問題ですが、③は正解を選ぶのに悩んでしまうかもしれません。登場人物の気持ちをあらわす表情を答える問題はありますが、「心がずうんと重くなってくる」という表現は、どうとらえてよいのか難しいところです。このお話を聞いたお子さまに、それぞれ感じた気持ちを問いかけているようにも感じられます。保護者の方はお子さまに、ワンダはその時どんな気持ちだったかを聞いてみてください。解答とは直接的にはつながらないことかもしれませんが、そうした人の気持ちがわかる人になってほしいと願っているのかもしれません。

【おすすめ問題集】

１話５分の読み聞かせお話集①・②、１話７分の読み聞かせお話集 入試実践編①
お話の記憶 初級編・中級編・上級編、Ｊｒ・ウォッチャー19「お話の記憶」

近畿大学附属小学校　専用注文書

年　　月　　日

合格のための問題集ベスト・セレクション

＊入試頻出分野ベスト３

1st　常　識　知　識｜観察力

2nd　お話の記憶　聞く力｜集中力

3rd　数　量　思考力｜集中力

１つのお話のストーリーに沿って、多分野の問題が連続して出題されます。特に、理科、生活常識、公共のマナーなど、常識分野は幅広い知識が必要な問題が出題されているので注意してください。

分野	書　名	価格(税抜)	注文	分野	書　名	価格(税抜)	注文
図形	Ｊｒ．ウォッチャー３「パズル」	1,500円	冊	数量	Ｊｒ．ウォッチャー39「たし算・ひき算２」	1,500円	冊
図形	Ｊｒ．ウォッチャー４「同図形探し」	1,500円	冊	図形	Ｊｒ・ウォッチャー46「回転図形」	1,500円	冊
推理	Ｊｒ．ウォッチャー６「系列」	1,500円	冊	推理	Ｊｒ・ウォッチャー47「座標の移動」	1,500円	冊
図形	Ｊｒ．ウォッチャー９「合成」	1,500円	冊	図形	Ｊｒ．ウォッチャー53「四方からの観察ー積み木編ー」	1,500円	冊
常識	Ｊｒ．ウォッチャー12「日常生活」	1,500円	冊	図形	Ｊｒ．ウォッチャー54「図形の構成」	1,500円	冊
数量	Ｊｒ．ウォッチャー14「数える」	1,500円	冊	常識	Ｊｒ．ウォッチャー56「マナーとルール」	1,500円	冊
記憶	Ｊｒ．ウォッチャー19「お話の記憶」	1,500円	冊		１話５分の読み聞かせお話集①②	1,800円	冊
巧緻性	Ｊｒ．ウォッチャー23「切る・貼る・塗る」	1,500円	冊		お話の記憶　中級編	2,000円	冊
巧緻性	Ｊｒ．ウォッチャー25「生活巧緻性」	1,500円	冊		新 個別テスト・口頭試問問題集	2,500円	冊
観察	Ｊｒ．ウォッチャー29「行動観察」	1,500円	冊		新 運動テスト問題集	2,200円	冊
常識	Ｊｒ．ウォッチャー30「生活習慣」	1,500円	冊		新 小学校受験の入試面接Q＆A	2,600円	冊
常識	Ｊｒ・ウォッチャー34「季節」	1,500円	冊		新 願書・アンケート文例集500	2,600円	冊
数量	Ｊｒ．ウォッチャー37「選んで数える」	1,500円	冊		面接最強マニュアル	2,000円	冊
数量	Ｊｒ．ウォッチャー38「たし算・ひき算１」	1,500円	冊				

合計	冊	円

（フリガナ） 氏　名	電　話 ＦＡＸ E-mail
住 所　〒　　　　ー	以前にご注文されたことはございますか。 有　・　無

★お近くの書店、または記載の電話・FAX・ホームページにてご注文をお受けしております。
　電話：03-5261-8951　FAX：03-5261-8953　代金は書籍合計金額＋送料がかかります。
　※なお、落丁・乱丁以外の理由による商品の返品・交換には応じかねます。
★ご記入頂いた個人に関する情報は、当社にて厳重に管理致します。なお、ご購入の商品発送の他に、当社発行の書籍案内、書籍に関する調査に使用させて頂く場合がございますので、予めご了承ください。

日本学習図書株式会社
http://www.nichigaku.jp

〈帝塚山小学校〉

※問題を始める前に、本文１頁の「本書ご使用方法」「ご使用にあたっての注意点」をご覧ください。

※本校の考査は、鉛筆を使用します。間違えた場合は訂正の印（×）で訂正し、正しい答えを書くよう指導してください。

保護者の方は、別紙の「家庭学習ガイド」「合格ためのアドバイス」を先にお読みください。
当校の対策および学習を進めていく上で、役立つ内容です。ぜひ、ご覧ください。

2020年度の最新問題

問題21　分野：言語（頭音つなぎ）　知識 語彙 考え

〈準備〉　鉛筆

〈問題〉　左側の四角の絵の最初の言葉をつなげてできるものを右の四角から選んで○をつけてください。

〈時間〉　１分

〈解答〉　①右（サカナ）　②左（スズメ）　③真ん中（カモメ）
④左端（カマボコ）　⑤右から２番目（アザラシ）

［2020年度出題］

学習のポイント

この問題は、左の四角の絵の最初の音（おん）をつないで、できる言葉を選ぶ「頭音つなぎ」という問題です。問題の絵を見ると、お子さまが日常生活を年齢相応に過ごしていれば、それが何か答えられるものがほとんどです。もし問題を間違えるのならば、「最初の言葉をつなげてできる」という意味を理解できていないからでしょう。例えば①ですが、左の四角に「カラス」「サル」「ながぐつ」があります。最初の言葉とは「カラス」の「カ」、「サル」の「サ」、「ながぐつ」の「ナ」で、これを組み合わせてできる言葉が「サカナ」です。こうやって説明してもお子さまがわからなかったのならば、実際に、声に出してみましょう。そうすると「カ・ラ・ス」と口を３回動かすことがわかります。この口の動きこそが言葉の音（おん）です。その最初に発した言葉の音（おん）を組み合わせて言葉を探してみましょう、と指導をしてあげてください。

【おすすめ問題集】
Ｊｒ・ウォッチャー17「言葉の音遊び」、60「言葉の音（おん）」

問題22　分野：図形（回転図形）

観察　考え

〈準備〉　鉛筆

〈問題〉　左側の絵を矢印の方向に１つ回転させるとどうなりますか。右の絵から正しいものに○をつけてください。

〈時間〉　１分

〈解答〉　①右端　②左から２番目　③左から２番目　④右から２番目　⑤左端

［2020年度出題］

学習のポイント

図形分野の問題は頻出なので、どの問題が出ても答えられるように幅広い学習をしておきましょう。ここでは、矢印の方向に回転するとどうなるか、推測する「回転図形」の問題です。ここで観られているのは、回転した後の図形をイメージできているかどうかです。このイメージする力のことを「図形を操る」と言いますが、これは実物を使った学習を何回も繰り返していかないと身に付かないものです。ですので、まずは実物を使った学習をしてみましょう。例えば、問題同様の図形を紙に書いて、それを問題通り１回転させていくと答えがわかります。こういった学習を繰り返して行っていけば、次にペーパー形式の問題に切り替えても自然と図形を操れるようになっていきます。また、「回転図形」の問題の１回転とは一般的に、「90度傾かせる」という意味です。

【おすすめ問題集】

Ｊｒ・ウォッチャー46「回転図形」

問題23　分野：推理（比較）

観察　考え

〈準備〉　鉛筆

〈問題〉　水の入った容器に角砂糖を入れます。この中で１番甘くなる容器はどれですか。○をつけてください。

〈時間〉　30秒

〈解答〉　右から２番目

［2020年度出題］

学習のポイント

絵の容器の大きさが同じなので、水位が低いものは水の量が少なく、水の量が同じであれば、砂糖の数が多いものが甘くなります。これらのことを考えていくと、砂糖の数が右から２番目と同じもので、水の量が多い、左端はまず正解から外れます。そのほかの容器の水の量を考えてみると、右端は右から２番目の容器の約２倍になります。水の量を同じにして考えると比べやすくなるので、右から２番目の水の量と砂糖の数を２倍にして見てみると、右端が正解から外れます。同様の方法で左から２番目と比べてみると、右から２番目が正解ということになります。このように言葉で説明しても、理解するのは難しいかもしれません。そのため、実際に体験することが理解を深める１番の方法です。実際に砂糖を使ってもよいのですが、目に見える方がわかりやすいので、絵の具などを使って水の色の濃さで甘さを表してみてください。水の量と砂糖の数（絵の具の量）の関係が感覚としてつかめるようになります。

【おすすめ問題集】
Ｊｒ・ウォッチャー15「比較」、27「理科」、55「理科②」、58「比較②」

問題24　分野：推理（座標の移動）

観察　集中　考え

〈準備〉　鉛筆

〈問題〉　上の四角の中のお約束を見てください。このお約束どおりに「★」からたどっていくと、どの記号につきますか。正しいと思う記号に○をつけてください。

〈時間〉　20秒

〈解答〉　○：□

［2020年度出題］

学習のポイント

この問題は上の条件に従ってマスを進んでいくと、どの記号にたどり着くかという問題です。ここで観られているのは条件を絵の中からすぐ見つけられるかどうかです。条件を見ながら線を引いて、記号を辿っていくという解答方法もありますが、線を引いた解答と引かずに解答した場合だと、後者の方が評価はよいでしょう。ですから、線は引かずに頭の中で条件を理解して解いていくということを心がけてください。同じ問題でも違う条件にしてみる、という工夫をするだけでも充分に頭の中で条件を理解することができるようにあなります。

【おすすめ問題集】
Ｊｒ・ウォッチャー６「系列」、７「迷路」、47「座標の移動」

問題25　分野：お話の記憶

聞く　集中

〈準備〉　鉛筆

〈問題〉　これからお話をします。よく聞いて後の質問に答えてください。

はるかさんが川の近くに座っていると、隣に座っているアリのかおるさんに「あなたはどこからきたの？」と声を掛けられました。「遠くの方です、白い綿毛を身に付けて来ました」とはるかさんが言ったので、かおるさんは、はるかさんをじっくり見ましたが、綿毛は付いていません。「その白い綿毛はどうしたんですか？」と尋ねると、「今はつけてません、ほら今はきれいな黄色の花があるでしょ、これでも最初は緑色のつぼみだったんです」と言いました。さらにはるかさんは「でもまた綿毛を身に付けて飛ぼうと思ってるんですけどね」と続けて言いました。「あなたは飛ぶんですか？」とかおるさんが聞くと、はるかさんは大きくうなずきました。「でも飛行機みたいに、はやく飛べません。ゆっくりと風に身をまかせて、違うところへ飛んでいくのです」これを聞いたかおるさんは素敵だなと思いましたが、はるかさんはそう思っていませんでした。１度は自分の好きなところへ飛んでいきたいと思っているのです。「でも風まかせにさまざまなところへ行くのもなかなか素敵ですよ」とかおるさんが言うので、はるかさんはそうなのかもしれないなと思いました。「今までたくさん飛んでいって１番素敵だったのはどんなところでしたか」とかおるさんは聞きました。はるかさんはじっくり考えてから「大きな風車が見えるところはとても素敵でした」「とても素敵そうですね、わたしもいつか行けたらいいな」とかおるさんが言うので、「今度いっしょに行きましょうよ」とはるかさんが言いました。しかし、「わたしには巣があるから」とかおるさんは答えました。「こっそり抜け出していきましょうよ。わたしがまた白い綿毛を身に付けた時、わたしに乗っていけばいいわ」とはるかさんが言うので、かおるさんはいっしょに旅をする約束をはるかさんとしました。

（問題25の絵を渡す）
①１番上の段を見てください。はるかさんは何の花ですか。○をつけてください。
②上から２番目の段を見てください。かおるさんは何の虫ですか。○をつけてください。
③上から３番目の段を見てください。はるかさんが今まで旅をして、１番素敵だった場所は何が見えるところですか。○をつけてください。
④上から４番目の段を見てください。はるかさんとかおるさんが今いる場所はどこですか。○をつけてください。

〈時間〉　各30秒

〈解答〉　①右から２番目（タンポポ）　②左端（アリ）　③左端（風車）
④右端（川）

［2020年度出題］

学習のポイント

お話の長さは例年通りですが、主人公が一体何なのかわからないまま、お話が続きます。そこに意識しすぎないようにしてください。このような主人公の正体がわからないままお話が続く場合は、設問で主人公は何ですか、と出題されることがほとんどです。ですから、お話の中の主人公の正体を考えることに固執せず、随所にあるヒントをしっかり聞きながら、お話の全体も聞くようにしましょう。その際にイメージしながら聞くということが大切です。この問題の場合、はるかさんは黄色い花を咲かせ、白い綿毛でさまざまなところへ旅をすると言っていることから、人間ではないということが想像できますが、イメージしながらお話を聞けていないと、お話そのものの理解ができなくなってしまいます。ですから、日頃の読み聞かせの後に、お子さまに「○○はどんな格好をしているのかな？」というような質問をするとお子さまは頭の中で想像します。こういう読み聞かせを繰り返し行っていけば、自然とお子さまがお話をイメージすることができるようになります。

【おすすめ問題集】

1話5分の読み聞かせお話集①・②、お話の記憶 初級編・中級編・上級編

問題26　分野：運動

聞く　集中

〈準 備〉　①ボール
②フラフープ（８～10個）
③平均台
④なし
⑤音楽再生機器、笛

〈問 題〉　**この問題の絵はありません。**
これからさまざまな運動をしてもらいます。先生のお手本をよく見てその通りにしてください。※５人グループで一斉に実施します。

①ボールを上に投げる
ボールを頭の上へ投げてください。投げている間は手を叩いてキャッチしてください。

②ケンパ
床に書いてある○に合わせてケンパをしてください。

③平均台
平均台を渡ってください。

④先生のポーズを真似する
今から、先生が行うポーズを真似してください。
※カニ、クマ、カエルなどを行う。

⑤スキップ
音楽に合わせてリズムよくスキップをしてください。笛の合図でやめてください。

〈時 間〉　適宜

〈解 答〉　省略

［2020年度出題］

学習のポイント

当校の運動テストは例年大きな変化はありません。それぞれの課題は、年齢相応の運動能力があれば、それほど難しいものではないでしょう。評価の仕方は１つひとつの運動にそれぞれ「できる」「できない」というチェックがされるようです。とはいえ、運動能力だけでなく、待機中の様子や取り組む態度・姿勢も評価の対象です。説明会では、「表情よく、活き活きと取り組むこと」という説明をされることからもそのことがうかがえます。つまり、たとえ課題ができなかったとしても、あきらめずに意欲的に取り組む姿勢を見せることで評価が得られます。

【おすすめ問題集】

Ｊｒ・ウォッチャー28「運動」、新・運動テスト問題集

問題27　分野：口頭試問

聞く　話す　集中

〈準備〉　なし

〈問題〉　①口頭試問（受験者１名・面接官１名）

・お名前を教えてください。

（問題27-１の絵を見せて）

・この絵を見て、どんなことを思いますか。

・このなかで自分の体験したことはありますか。そのとき、どう思いましたか。

②口頭試問（受験者５名程度・面接官１名）

（問題27-２の絵を見せて）

どんな場面の絵か、絵を見てどんなことを思ったか、みんなにお話してください。手を挙げて、私が指した人から発表してください。

〈時間〉　適宜

〈解答〉　省略

［2020年度出題］

家庭学習のコツ①　「先輩ママのアドバイス」を読みましょう！

本書冒頭の「先輩ママのアドバイス」には、実際に試験を経験された方の貴重なお話が掲載されています。対策学習への取り組み方だけでなく、試験場の雰囲気や会場での過ごし方、お子さまの健康管理、家庭学習の方法など、さまざまなことがらについてのアドバイスもあります。先輩ママの体験談、アドバイスに学び、ステップアップを図りましょう！

学習のポイント

当校の口頭試問は先生と１対１の形式と他のお友だちと集団で行う形式の２種類があります。①の課題は前者の形式で行われました。ここで観られているのは、自分の言葉できちんと考えを伝えられるかどうかです。というのも、②のような集団で行うものの場合だと、お子さまの性格によっては、他のお友だちの意見を尊重するために、自分の意見を言わずに課題をこなすことがありますが、この形式だとそれが通用しません。また、ここでうまく伝えることができなかったら、②の課題でも、単純に自分の意見を言えない子どもという評価を受けてしまうでしょうから、きちんと自分の言葉で答えられるようにしておきましょう。日常生活の中で、お子さまが「〇〇したい」ということを言ってきたら、その都度、保護者の方は理由を聞くようにしましょう。そうすることでお子さまは、人に伝えるためにはどうすればよいのか考えるようになります。

【おすすめ問題集】

面接テスト問題集、新口頭試問・個別テスト問題集

問題28 分野：行動観察（巧緻性）

協調　公衆　集中

〈準備〉　ビニールシート、靴下（適宜）、紙コップ（20個程度）、
弁当箱（５個）、風呂敷（弁当箱を包んでおく）
志願者に靴と靴下をあらかじめ履かせておき、風呂敷に包まれた弁当箱を持たせる。

〈問題〉　**この問題の絵はありません。**
※この課題は５名程度のグループで行う。
①シートの上でみんなでお弁当を食べましょう。食べ終えたら、片付けてください。
②紙コップで高いタワーを作りましょう。

〈時間〉　適宜

〈解答〉　省略

［2020年度出題］

家庭学習のコツ② 「家庭学習ガイド」はママの味方！

問題演習を始める前に、試験の概要をまとめた「家庭学習ガイド（本書カラーページに掲載）」を読みましょう。「家庭学習ガイド」には、応募者数や試験課目の詳細のほか、学習を進める上で重要な情報が掲載されています。それらの情報で入試の傾向をつかみ、学習の方針を立ててから、対策学習を始めてください。

学習のポイント

この行動観察の課題で観られているのは、日常生活のさまざまなことをお子さま自身でできているかどうかと他のお友だちとの協調性です。①の場合は、靴を脱ぐ時にきちんと揃えることができるか、風呂敷の結んである玉を解いたり、また結び直すことができるか、食べる（ふり）時にきちんと「いただきます」を言えるか、といったところを観られています。②の場合は、紙カップを高く積んでいく時に、集団できちんと話し合えるかということを観ています。積極的に自分の意見を主張できることはもちろん大切ですが、他のお友だちの意見を聞かずに自分の意見を通したり、反対に意見が通らなかったりして不機嫌になるなどの行為は好ましくありません。また、人見知りのお子さまは無理に意見を言おうとする必要はありません。他のお友だちの意見を受け入れるということも大切だからです。

【おすすめ問題集】

Ｊｒ・ウォッチャー29「行動観察」

問題29　分野：保護者面接

〈準　備〉　なし

〈問　題〉　**この問題の絵はありません。**

（質問例）

【父親への質問】

・志望理由をお聞かせください。
・体験入学や説明会の印象を教えてください。
・子どもの名前の由来を教えてください。
・どんなお子さまですか。
・どのような大人になってほしいですか。

【母親への質問】

・体験入学や説明会の印象を教えてください。
・今、幼稚園や保育園で子どもが興味を持っているのはなんですか。
・アレルギーはありますか。
・幼稚園や保育園ではどのようなことで褒められますか。
・しつけで気を付けていることを聞かせてください。
・自宅から最寄り駅までどれぐらいかかりますか。

〈時　間〉　適宜

〈解　答〉　省略

［2020年度出題］

学習のポイント

当校の面接は、面接官が２名で、約10分間行われました。父親・母親によって質問内容が変わっていますが、それぞれが答える時に、２人に共通する教育観などを学校側に見せられるとよいでしょう。ここでお互いがまったく違う意見を言うと、お子さまについて話し合っていないという印象を与えかねません。質問内容では例年、体験入学や説明会の印象を聞かれることがあるので、必ず参加するようにしましょう。面接の雰囲気ですが、面接官は２人とも質問に対して、メモを細かく取ります。何を書かれているかわからないという緊張感がありますが、いいように観られようと、付け焼き刃的に身に付けた難しい言葉で答えずに、使い慣れた自分の言葉で答えることがポイントです。

【おすすめ問題集】

新 小学校受験の入試面接Ｑ＆Ａ、面接最強マニュアル

2019年度以前の過去問題

問題30　分野：言語（しりとり）

知識　語彙　考え

〈準備〉　鉛筆

〈問題〉　左側の四角の中に当てはまる絵はどれですか。右側からそれぞれ選んで○をつけてください。

〈時間〉　1分

〈解答〉　①左端（イス）　②右から2番目（ラクダ）　③右端（カナヅチ）
④左から2番目（アザラシ）　⑤右から2番目（カサ）

［2019年度出題］

学習のポイント

当校の言語分野の問題では、「言葉の音」に関する問題が例年出題されています。言葉を音の集まりとしてとらえ、それを利用して考える力が観られています。①～③は、絵が何を表しているのかがわかれば、頭音と尾音が決まるので、それに合ったものを右の四角から選べば問題ありません。④⑤は、先頭の絵が問われているので、真ん中の絵の頭音と同じ音を尾音に持つ言葉を探せば、正解が出せます。しりとりの問題は、自分で出した正解の条件に合う言葉を選択肢の中から選ぶことが基本的な解き方です。こうした問題には、選択肢の中に間違いを誘うようなものが含まれている場合もあるので、選んだ答え以外の選択肢が条件に合わないことも忘れないようにしてください。

【おすすめ問題集】
Ｊｒ・ウォッチャー17「言葉の音遊び」、49「しりとり」、60「言葉の音（おん）」

問題31　分野：推理（鏡図形）

観察　考え

〈準備〉　鉛筆

〈問題〉　左側の絵を鏡に映すと、どの絵になりますか。右側からそれぞれ選んで○をつけてください。

〈時間〉　1分

〈解答〉　①右端　②左から2番目　③左から2番目　④右から2番目　⑤左端

［2019年度出題］

学習のポイント

当校の図形分野の問題では、「鏡図形」や「同図形探し」など、図形の特徴をとらえる観察力を必要とする問題が、例年出題されています。鏡に映ったものは左右反転して見える。鏡図形を言葉で表すと、この説明がすべてです。ですが、お子さまには「左右反転に映る」ことがなかなか理解できません。そうした場合は、実際に自分で体験することでその感覚を養っていきましょう。③のようにお子さまを鏡の前に立たせてみてください。そこで、右手を動かした時に鏡にどう映るか、左足はどうかということを、お子さま自身で確認させてください。「自分」と「鏡に映った自分」がどうつながっているかという関係性を、感覚的につかめれば充分です。ほかにもさまざまなものを鏡に映してみることで、鏡図形を理解できるようになっていきます。

【おすすめ問題集】
　Ｊｒ・ウォッチャー48「鏡図形」

問題32　分野：図形（図形の構成）

観察　考え

〈準備〉　鉛筆

〈問題〉　左の形は、四角の中にあるパズルを何枚使ってできた形ですか。その数と同じになるように、必要な数のサイコロに○をつけてください。

〈時間〉　１分

〈解答〉　（サイコロの目の数が）
①１と５（もしくは２と４）　②２と５（もしくは３と４）
③１と５と５（もしくは１と２と３と５、２と４と５）
④４と５（もしくは２と３と４、１と３と５）
⑤２と５（もしくは３と４）

［2019年度出題］

学習のポイント

本問は、図形を作るのにパズルが何枚必要かということと、その数をサイコロの目に合わせて分割するという２つの複合問題になります。まず、図形がどのように構成されているのかを考えて、パズルの枚数を求める。次に、その数を、サイコロの目に合わせて分ける。という具合に手順を踏んで考えましょう。また、○をつけるサイコロの数に条件がないので、正解が複数あります。問題に慣れてきたら、ほかに正解となる組み合わせはないか、お子さまに声をかけてみてください。正解は必ずしも１つとは限らないということを理解させ、条件に合った解答ができるようにしていきましょう。

【おすすめ問題集】

Ｊｒ・ウォッチャー３「パズル」、９「合成」、41「数の構成」、45「図形分割」、54「図形の構成」

問題33　分野：推理（ブラックボックス）

観察　集中　考え

〈準備〉　鉛筆

〈問題〉　上の四角の中のお約束のように、形が変わります。「？」のところに入る図形はどれですか。下の点線の四角の中から選んで、○をつけてください。

〈時間〉　30秒

〈解答〉　左から２番目

［2019年度出題］

学習のポイント

本問は、「テープ：つなげる（２つに増える）」「ハサミ：切る（半分になる）」「風車：180度回転する」といったお約束を理解し、図形がどのように変化するのか考える問題です。お約束が絵のイメージ通りなので、比較的わかりやすくはなっていますが、風車は上下反転ではなく、180度回転であることなど、問題を見て、まずはお約束をきちんと理解できるようにしましょう。そして、「テープ→風車→ハサミ」の順にどのように変化するのか１つひとつ考えてください。解答時間が短く、選択肢も似ているものが多いと、慌ててしまうかもしれませんが、この手順をおろそかにすると、勘違いをしやすくなるので気を付けましょう。

【おすすめ問題集】

Ｊｒ・ウォッチャー32「ブラックボックス」

問題34　分野：お話の記憶

聞く　集中

〈準備〉　鉛筆

〈問題〉　**この問題の絵は縦に使用してください。**

これからお話をします。よく聞いて後の質問に答えてください。

子ネコのトムは、お父さんとお母さんとお兄さん２人と妹と弟の７人家族です。今日は、家族７人で動物園に遊びに行く日です。動物園には、電車に乗って、次にバスに乗り換えて行かなくてはなりません。電車に乗っていると、友だちのウサギのエミリーが乗ってきました。エミリーは、トムのお父さん、お母さんにしっかりとあいさつをしたあと「どこに行くの？」と聞いてきました。トムは「家族みんなで動物園に行くんだ」と言いました。エミリーは「わあ、いいわね。じゃあ、キリンを見てきて、どんな様子だったかあとで教えてね」と言いました。「わかったしっかり見てくるよ」とトムは約束しました。
電車は空いていたので、外の景色がよく見えます。途中で、ジェームズさんの赤い屋根の家も見えました。駅から動物園に行くバスはとても混んでいました。
動物園に着くと、入り口の花壇には、ヒマワリがたくさん咲いていました。そして、まずキリンを見ることにしました。キリンは長い首を伸ばして高いところにある葉っぱをムシャムシャ食べていました。トムは、あとでエミリーにしっかり説明ができるように、真剣にキリンを観察しました。次にヤギを見ていると、妹が「カバを見たい」と言いました。カバは、のんびりした動きをしながら大きな口を開けていました。その次に見たのは、ラクダです。ラクダは３頭いました。どうやら家族のようです。「ラクダも家族いっしょで楽しそうだね」とお父さんが言いました。次にゴリラを見ていると、バナナを６本も食べていました。それを見ていたら、トムもおなかが空いてきました。「よし、じゃあみんなでお弁当を食べましょう」とお母さんが言いました。みんなで芝生の上にシートを敷いてお弁当を食べました。お弁当は、おにぎりとエビフライとから揚げでした。外で食べるお弁当はとてもおいしく感じました。トムはおにぎりを４つも、妹はおにぎりを３つも食べました。

（問題34の絵を渡す）
①１番上の段を見てください。トムのお兄さんは何人ですか。その数だけ○を書いてください。
②上から２番目の段を見てください。電車から見えたジェームズさんの家の屋根と同じ色の食べ物はどれですか。その絵に○をつけてください。
③上から３番目の段を見てください。トムがエミリーに見てきてと頼まれた動物は何ですか。その絵に○をつけてください。
④上から４番目の段を見てください。トムの妹が見たいと言った動物はなんですか。その絵に○をつけてください。
⑤上から５番目の段を見てください。このお話の季節はいつですか。同じ季節の絵を選んで、○をつけてください。
⑥上から６番目の段を見てください。お弁当に入っていたものに○をつけてください。
⑦１番下の段を見てください。トムが見なかった動物は何ですか。その絵に○をつけてください。

〈時間〉　各30秒

〈解答〉　①○：２　②左から２番目（トマト）　③左端（キリン）　④右端（カバ）
⑤右から２番目（夏：花火）
⑥左端（おにぎり）と左から２番目（エビフライ）
⑦左から２番目（ニワトリ）と右端（タヌキ）

［2019年度出題］

学習のポイント

お話の長さは例年通りですが、設問の数が増えています。設問の内容は、お話の流れに沿って出てきたものを答えるオーソドックなものがほとんどです。数、色、見たもの、季節、食べたもの、見なかったものといった、お話の記憶のパターンと言えるものばかりなので、お話の流れが頭に入っていれば問題はないでしょう。やはり、最後までしっかりと集中して聞くことができるかどうかが鍵になります。はじめから、長いお話で、多くの問題を答えるのは難しいでしょう。そうした場合は、問題ごとにお話を短く分けたり、お話だけを聞くことに集中させたりして、徐々に問題数の多さとお話の長さに慣れさせていきましょう。

【おすすめ問題集】

1話5分の読み聞かせお話集①・②、お話の記憶 初級編・中級編・上級編、
Ｊｒ・ウォッチャー19「お話の記憶」

問題35　分野：口頭試問

聞く　話す　集中

〈準備〉　なし

〈問題〉　①口頭試問（受験者１名・面接官１名）
・お名前を教えてください。
（問題35-１の絵を見せて）
・この絵を見て、どんなことを思いますか。
・イルカはどこを見ていますか。
・イルカはなぜここに来たと思いますか。
・イルカとカモメはどんなお話をしていると思いますか。

②口頭試問（受験者５名程度・面接官１名）
（問題35-２の絵を見せて）
どんな場面の絵か、絵を見てどんなことを思ったか、みんなにお話してください。手を挙げて、私が指した人から発表してください。

〈時間〉　適宜

〈解答〉　省略

［2019年度出題］

学習のポイント

口頭試問の問題には正解がありません。お子さまが発言したことから、答えが自由に広がっていきます。評価の対象となるのは、自分の意見を積極的に言えるか、テスターの質問を聞き、それに口頭で答えるというコミュニケーションがとれるか、といった点です。②は、それに加え、志願者が複数いる場で、自分から発言できるかを観るための課題です。こういった行動観察がさかんに行われるのは、入学後の学校生活がスムーズに過ごせるか、集団行動ができるのかということを知りたいからでしょう。これは、学校から見ると入学試験時の学力よりも重大な関心事です。「どんな場面の絵か」「なぜそう思うのか」などを答えられるように練習しておきましょう。なお、入試本番の発表時にお子さまが言葉に詰まったり、話が進まなかったりした場合は、先生が「これは何ですか」「これは何をしているところかな」などと、お子さまが話しやすいように言葉をかけていたそうです。お子さまには、言葉に詰まっても焦ることなくリラックスして臨むよう話しておきましょう。

【おすすめ問題集】
　面接テスト問題集、新口頭試問・個別テスト問題集

問題36　分野：行動観察（巧緻性）

協調　公衆　集中

〈準備〉　カプラ、靴下（適宜）
靴と靴下はあらかじめ履かせておき、床に５色程度のカラーテープを貼っておく。

〈問題〉　**この問題の絵はありません。**
※この課題は５名程度のグループで行う。
①靴と靴下を脱いでみんなで楽しく遊びましょう。
②カラーテープの貼ってある場所にカプラを並べてください。
③（②終了後）カプラを元あった場所に戻してください。

〈時間〉　適宜

〈解答〉　省略

［2019年度出題］

学習のポイント

行動観察の課題では、お子さまが年齢相応の規範意識や生活技術を身に付けているか、集団生活に適応できるかが観られます。そして、例年靴下の脱ぎ履き、たたみ方のチェックもあります。何でも人にしてもらうのではなく自分でやろうとする意欲、主体的に参加する姿勢が大切です。人並み以上に上手にできる必要はなく、またリーダーシップを取ろうと無理をする必要もありません。騒いだりふざけたりして規律を乱したり、わがままを言って周囲を困らせたりということがなければ、特に問題となることはないでしょう。まずは先生の指示を聞き、何をすべきかを理解してきちんと取り組めるようにしましょう。片付けもお友だちと協力して行いましょう。そのうえで、困っているお友だちや参加できずにいるお友だちに気を配ることができれば、評価は高まるでしょう。こうしたことは、試験前に付け焼き刃的な練習で身に付くものではありません。ふだんから意識して、家庭での生活やお友だちとの遊びの時間を通して、徐々に身に付けさせていってください。

【おすすめ問題集】

Ｊｒ・ウォッチャー29「行動観察」

問題37　分野：言語（言葉の音）

語彙

〈準備〉　鉛筆

〈問題〉　(問題37の絵を渡して)
上の段の左の四角に「こいのぼり」の絵があります。言葉の数が、「こいのぼり」より１つ多かったり少なかったりする言葉の絵が右の四角に１つあります。見つけて○をつけてください。下の段も同じように答えてください。

〈時間〉　各１分

〈解答〉　①○：右から２番目（トウモロコシ）　②○：右から２番目（タンバリン）

[2018年度出題]

学習のポイント

小学校受験では最近、このような言語に関する問題、とりわけ「言葉の音」に関する問題の出題が増えています。こうした問題の観点は、単に知識のあるなしではなく、生活に関するものを表す語彙の豊かさです。言い換えれば、生活に関する言葉を年齢相応に知っていて、実際にその言葉を使っているかということです。とはいえ、家庭によって生活環境は異なるものです。例えば、「扇風機」や「こたつ」がないご家庭も最近では多いのではないでしょうか。問題にはよく登場するが、実際には見たことがないものがないように、過去問や類題をチェックした上でお子さまの語彙を増やしておきましょう。そういう場合に効率がよいのが言葉遊びです。しりとりだけではなく、同頭語、同尾語などを集める、あるいは「ことばカード」をつかったゲームなどでもよいでしょう。「お勉強」という形ではなく、楽しみながら知識を身に付けた方が、この分野の学習は長続きします。

【おすすめ問題集】

Ｊｒ・ウォッチャー17「言葉の音遊び」、18「いろいろな言葉」、
60「言葉の音（おん）」

問題38　分野：推理（シーソー）

観察　考え

〈準備〉　鉛筆

〈問題〉　上の段の☆の四角を見てください。「●」のおもりは、「○」２つ分の重さです。同じ段の右の四角に描いてあるシーソーの絵にある「？」に置いても、シーソーの傾き方が変わらないものを下の段から選んで、○をつけてください。

〈時間〉　２分

〈解答〉　○：下段の真ん中

［2018年度出題］

学習のポイント

シーソーを使った比較の問題です。「１番重い（軽い）ものをさがす」というのがよくある出題パターンですが、ここでは、「？」に置かれるおもりで矛盾しない選択肢を選ぶ、という少しひねった出題になっています。解き方としては、「○と●の数を集合ごとに合計して、比較する」ということになりますが、お子さまには手順を具体的に説明しないと理解できないでしょう。例えば、●は○２個と同じ重さという条件なので、右の四角にある●３個と○６個は、○12個分になります。次に、下の四角にある重りの集合を１つずつ比較した時、○12個よりも多いものが答えとなります。このような手順を説明をする必要があるということです。ほかにも、比べ方はありますから、視覚的にわかるように紙に描く、あるいはオセロなどの具体物を使ってもよいでしょう。お子さまが理解できるような工夫をしてください。

【おすすめ問題集】

Ｊｒ・ウォッチャー33「シーソー」

問題39　分野：お話の記憶

集中　聞く

〈準備〉　鉛筆

〈問題〉　これからするお話を聞いて、後の質問に答えてください。

冷たい風が吹き始め、森の動物たちが忙しそうに動き回っています。
「クマさん、こんにちは」とウサギさんがピョンピョン元気にやってきました。クマさんは、「こんにちは。段々寒くなってきたね。僕は、冬ごもりのための準備で、暖かい洞穴を探しているんだ」と言いました。「それなら、リスさんの家の方にあったわよ」「そうか。どうも、ありがとう。早速行ってみようかな」と言って、ウサギさんと別れました。
しばらく行くとリスのリー君が１匹で遊んでいました。クマさんは、「リー君、こんにちは」と声をかけましたが、元気がありません。リー君は、「仲良しのリスのスーちゃんと全然遊んでいないんだ」と小さい声で話しました。「そうだったのか。それじゃあ、スーちゃんのおうちに行ってみたらどう」とクマさんが言うので、「そうだね。行ってみようかな」とリー君は答えて、クマさんとお別れしました。
山の奥では、スーちゃんは、冬ごもりの準備でクリやドングリを集めていました。あっちの木に行ったり、こっちの木に行ったり、大忙しで探しています。スーちゃんはクリを取り、右側のほっぺに２個、左側のほっぺに３個入れました。「あっ。こんなところにもあった」口の中は、もういっぱいなので、両手で抱えられるだけドングリを拾って帰ることにしました。
家に帰ると、ちょうどリー君に会いました。スーちゃんは、手を振ろうと思いましたが、拾ったドングリが転がっていってしまうので、そのまま歩いていきました。リー君は、そんなスーちゃんを見て、ニコニコ笑い出しました。「最近、ずっと冬ごもりの準備をしていたの？」と聞くと、スーちゃんは目を丸くして、うなずきました。お家に集めたものを置いて、２人は山の奥へ、仲良く出かけていきました。

絵を表にしてください。
①左側の絵を見てください。お話に出てきた動物に○をつけてください。
②右側の１番上の絵を見てください。スーちゃんの顔の隣の四角に、スーちゃんがほっぺに入れていた木の実の数だけ○を書いてください。
③右側の上から２段目を見てください。スーちゃんがほっぺに入れていた木の実に○、手に持っていた木の実に△をつけてください。
④右側の１番下の段を見てください。今のお話の次に来る季節の絵に○をつけてください。

〈時間〉　各20秒

〈解答〉　①リス、クマ、ウサギ　②○：５　③○：クリ、△：ドングリ
④左端（お正月・冬）

［2018年度出題］

学習のポイント

お話が長く、登場人物も多いですが、ストーリー展開は単純なので、意外と簡単に答えられるかもしれません。このようなお話でも1度でなかなか覚えることができないという場合は、場面ごとにお話を短く切って読み聞かせる、あるいは、場面ごとに質問をしてみるとよいでしょう。お子さまがどのように情報を整理して（していないかもしれませんが）お話を聞いているかがわかります。話の聞き方をお子さまがわかっていないと感じたなら、読み聞かせにおいても、最初は短いお話を用意して、その中に出てくる登場人物や、風景、季節などを少しずつ記憶する練習から始めるとよいでしょう。続けるうちに自然と「誰が」「何を」「どうした」といったポイントを押さえながら話を聞く習慣が身に付いてきます。

【おすすめ問題集】
1話5分の読み聞かせお話集①・②、お話の記憶 初級編・中級編・上級編、
Ｊｒ・ウォッチャー19「お話の記憶」

問題40 分野：図形（同図形さがし）

観察 集中

〈準備〉 鉛筆

〈問題〉 左端の絵と同じ絵を右側の4つの絵の中から1つ探して、○をつけてください。

〈時間〉 各15秒

〈解答〉 ①右から2番目 ②左端 ③左から2番目 ④右端

［2018年度出題］

学習のポイント

同図形探しの問題は、時間をかければ正解することができますが、入試で「制限時間内で正しく答える」ためには、「効率」を考える必要があります。具体的には、①見本とそのほかの絵を構成する要素（部分）を1つだけ比較する。②違っていれば、次の絵に移り、③部分がすべて同じ絵（正解）を見つけるまでくりかえす、ということなります。ポイントは絵の全体を比較するのではなく、部分を比較するということです。この種の問題では「絵をよく観察してから回答する」という指導をされますが、全体をじっくり見ることだけを「観察」と勘違いしているお子さまは多く、解答できなかった場合の原因として「時間が足りなかった」という声を聞くことがあります。たしかに絵画を鑑賞するなら、絵全体を見るべきでしょうが、比較して正解を述べるためならその必要はありません。

【おすすめ問題集】
Ｊｒ・ウォッチャー4「同図形探し」

帝塚山小学校　専用注文書

年　月　日

合格のための問題集ベスト・セレクション

＊入試頻出分野ベスト３

1st 図　形	2nd お話の記憶	3rd 言　語
思考力　観察力	集中力　聞く力	知　識　語　彙

説明会でその年の入試の出題傾向が説明され、そのままその傾向の問題が出題されています。その情報をもとに対策をしておいた方がよいでしょう。しかし、図形と推理の分野に限っては、さまざまなパターンで幅広く出題されます。事前の情報はあっても、油断することなく取り組んでおきましょう。

分野	書　名	価格(税抜)	注文	分野	書　名	価格(税抜)	注文
図形	Ｊｒ．ウォッチャー 4「同図形探し」	1,500 円	冊	言語	Ｊｒ．ウォッチャー 49「しりとり」	1,500 円	冊
推理	Ｊｒ．ウォッチャー 6「系列」	1,500 円	冊	図形	Ｊｒ．ウォッチャー 54「図形の構成」	1,500 円	冊
図形	Ｊｒ．ウォッチャー 9「合成」	1,500 円	冊	常識	Ｊｒ．ウォッチャー 55「理科②」	1,500 円	冊
推理	Ｊｒ．ウォッチャー 15「比較」	1,500 円	冊	推理	Ｊｒ．ウォッチャー 58「比較②」	1,500 円	冊
言語	Ｊｒ．ウォッチャー 17「言葉の音遊び」	1,500 円	冊	言語	Ｊｒ．ウォッチャー 60「言葉の音（おん）」	1,500 円	冊
記憶	Ｊｒ．ウォッチャー 19「お話の記憶」	1,500 円	冊		お話の記憶　中級編	2,000 円	冊
常識	Ｊｒ．ウォッチャー 27「理科」	1,500 円	冊		１話５分の読み聞かせお話集①②	1,800 円	冊
観察	Ｊｒ．ウォッチャー 29「行動観察」	1,500 円	冊		新 個別テスト・口頭試問問題集	2,500 円	冊
推理	Ｊｒ．ウォッチャー 32「ブラックボックス」	1,500 円	冊		新 運動テスト問題集	2,200 円	冊
推理	Ｊｒ．ウォッチャー 33「シーソー」	1,500 円	冊		新 小学校受験の入試面接Ｑ＆Ａ	2,600 円	冊
数量	Ｊｒ．ウォッチャー 41「数の構成」	1,500 円	冊		新 願書・アンケート文例集 500	2,600 円	冊
図形	Ｊｒ．ウォッチャー 46「回転図形」	1,500 円	冊		面接最強マニュアル	2,000 円	冊
推理	Ｊｒ．ウォッチャー 47「座標の移動」	1,500 円	冊				
図形	Ｊｒ．ウォッチャー 48「鏡図形」	1,500 円	冊				

合計	冊	円

（フリガナ） 氏　名	電　話 ＦＡＸ E-mail
住 所　〒　　　－	以前にご注文されたことはございますか。 有　・　無

★お近くの書店、または記載の電話・FAX・ホームページにてご注文をお受けしております。
電話：03-5261-8951　FAX：03-5261-8953　代金は書籍合計金額＋送料がかかります。
※なお、落丁・乱丁以外の理由による商品の返品・交換には応じかねます。

★ご記入頂いた個人に関する情報は、当社にて厳重に管理致します。なお、ご購入の商品発送の他に、当社発行の書籍案内、書籍に関する調査に使用させて頂く場合がございますので、予めご了承ください。

日本学習図書株式会社
http://www.nichigaku.jp

問題 1

☆近畿大学附属小学校

①

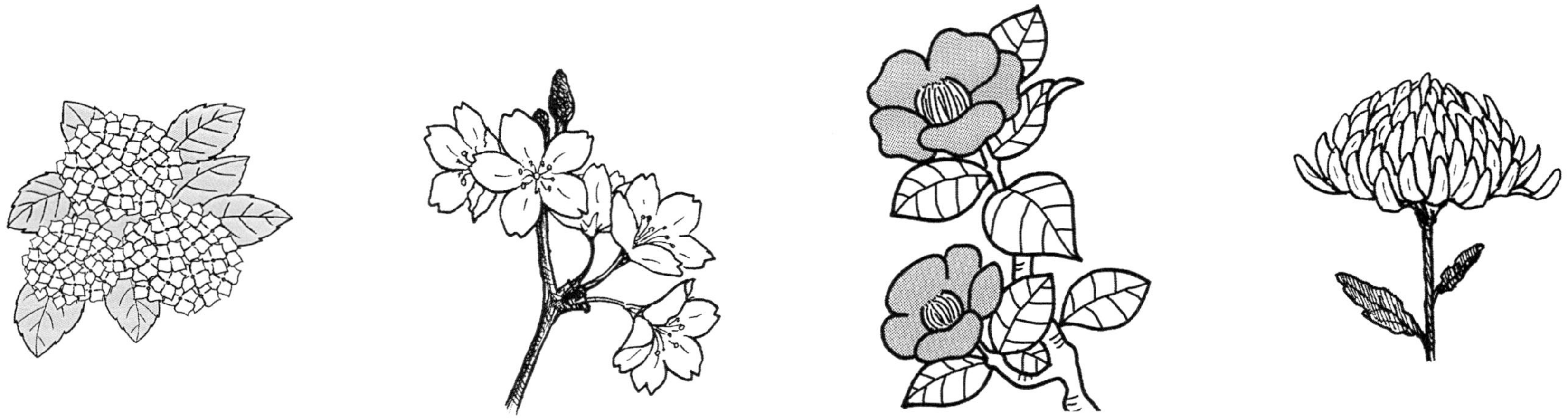

②

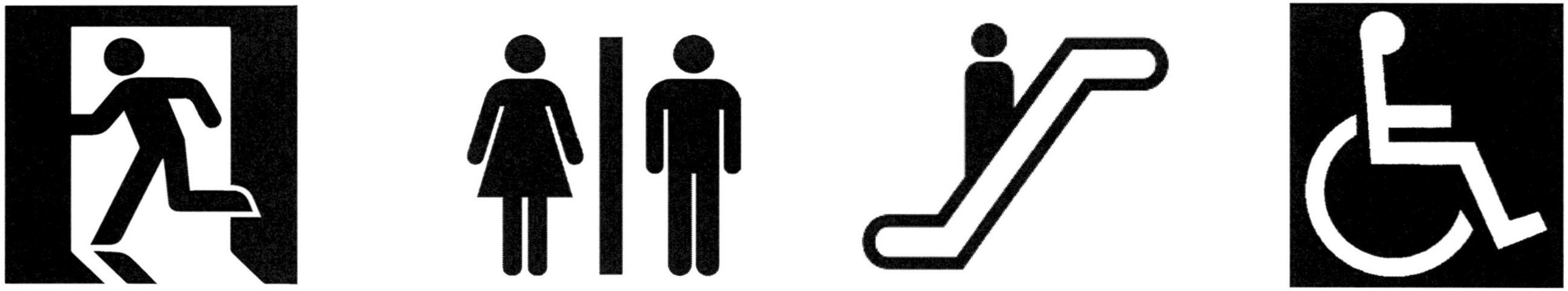

☆近畿大学附属小学校

2021年度　近畿大附属・帝塚山小　過去　無断複製／転載を禁ずる　日本学習図書株式会社

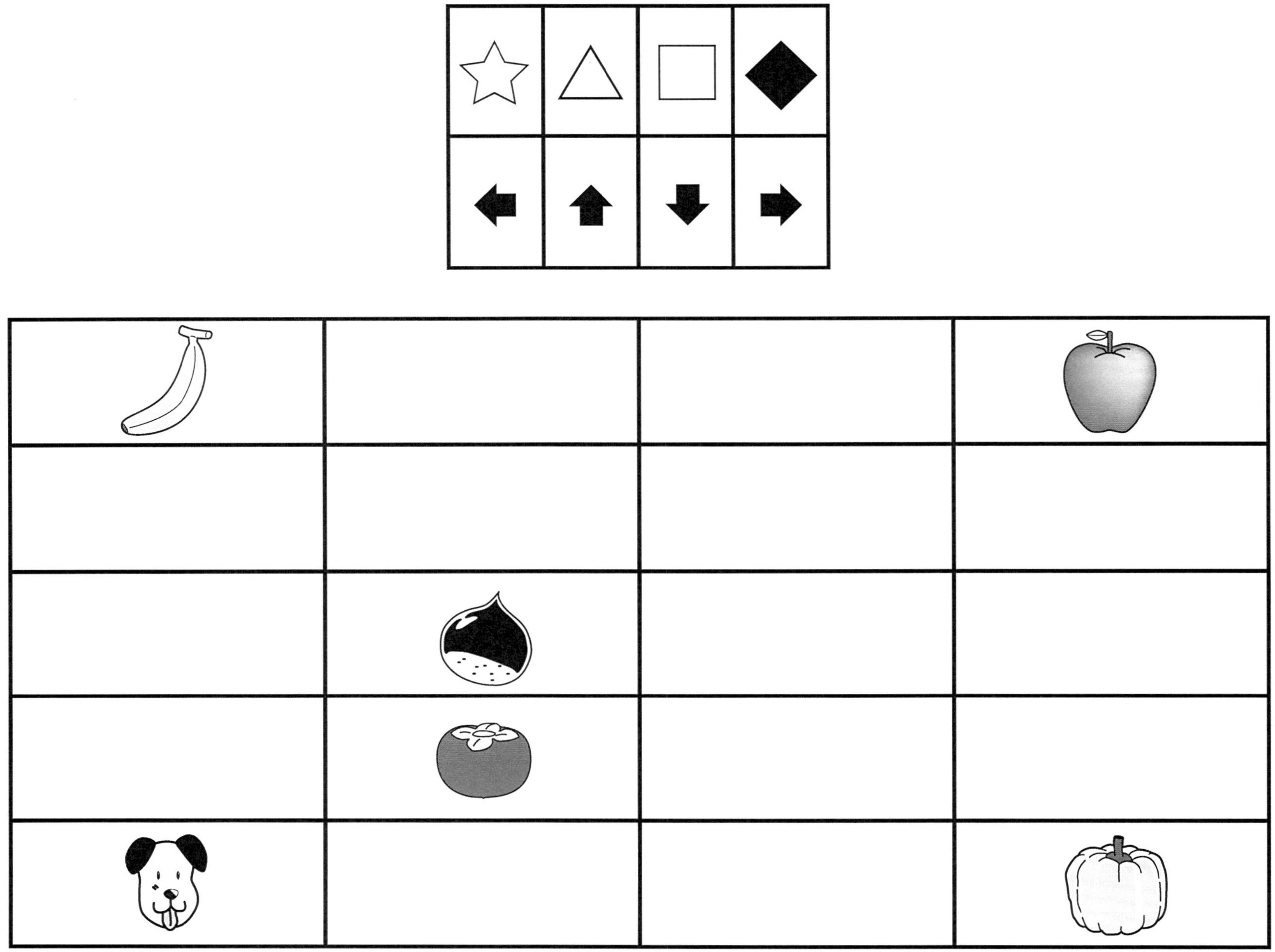

☆近畿大学附属小学校

①②2021 年度　近畿大附属・帝塚山小　過去　無断複製／転載を禁ずる　日本学習図書株式会社

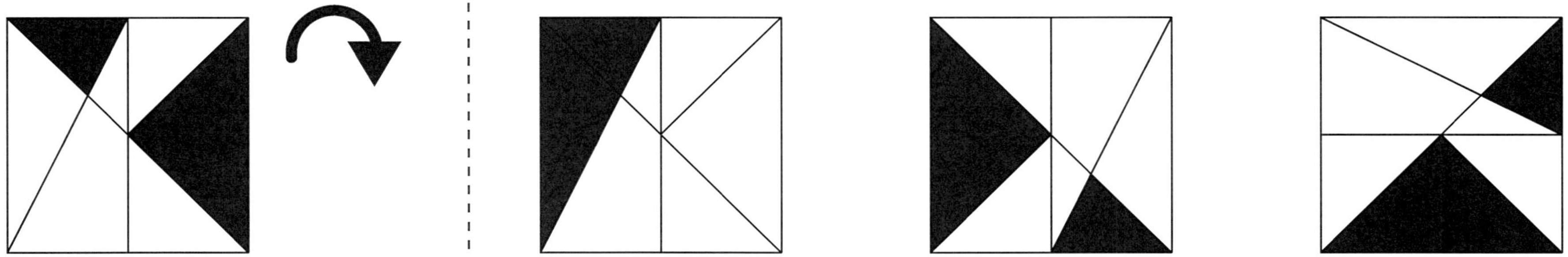

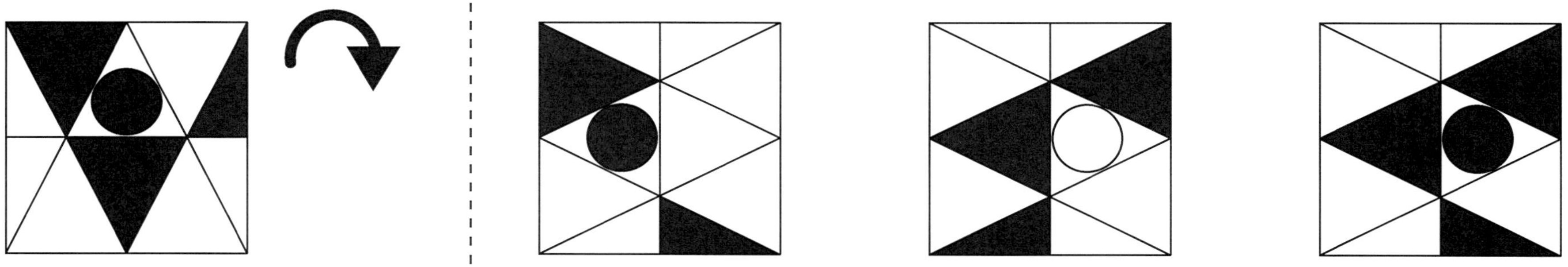

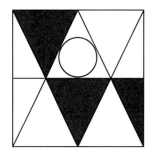

☆近畿大学附属小学校

問題4

①

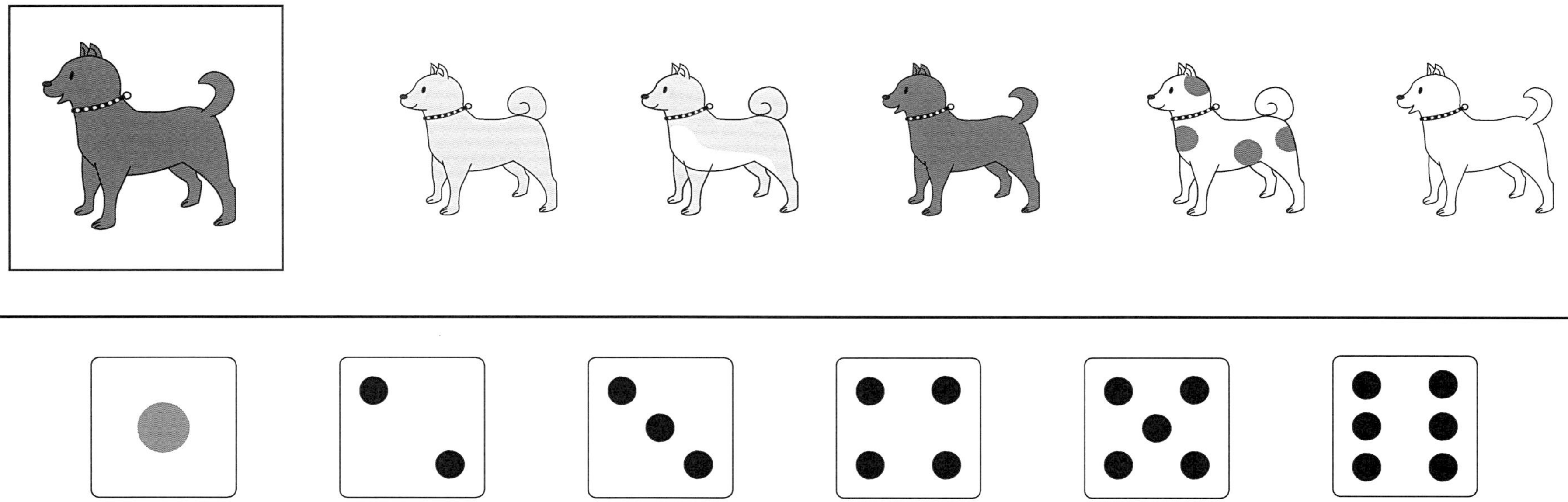

②

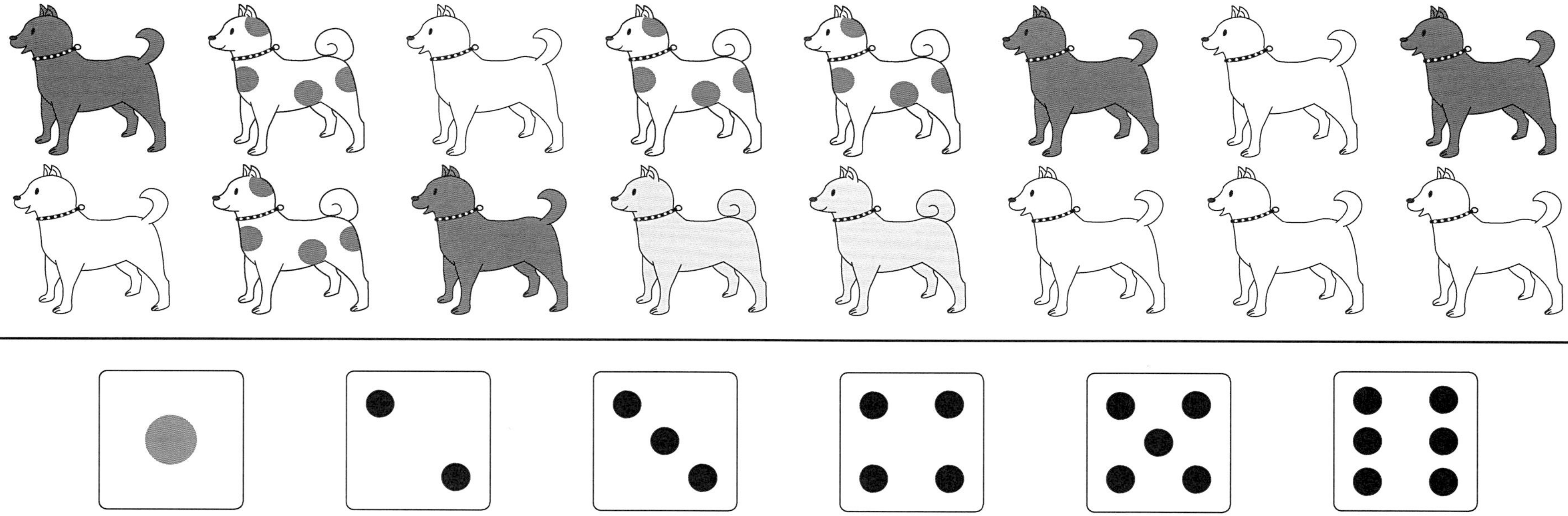

　　日本学習図書株式会社

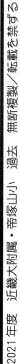

問題5

問題6

①

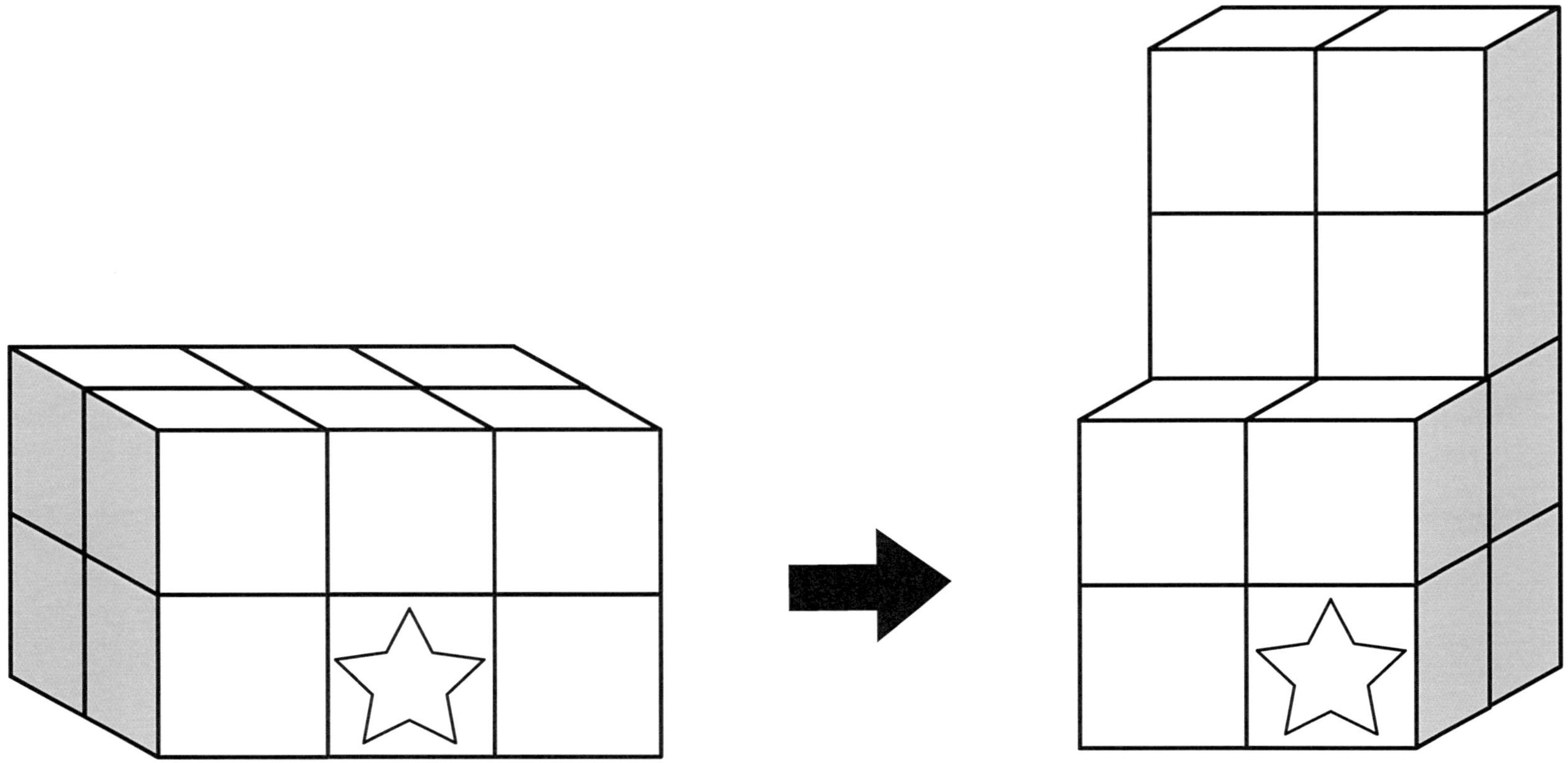

☆近畿大学附属小学校

問題7

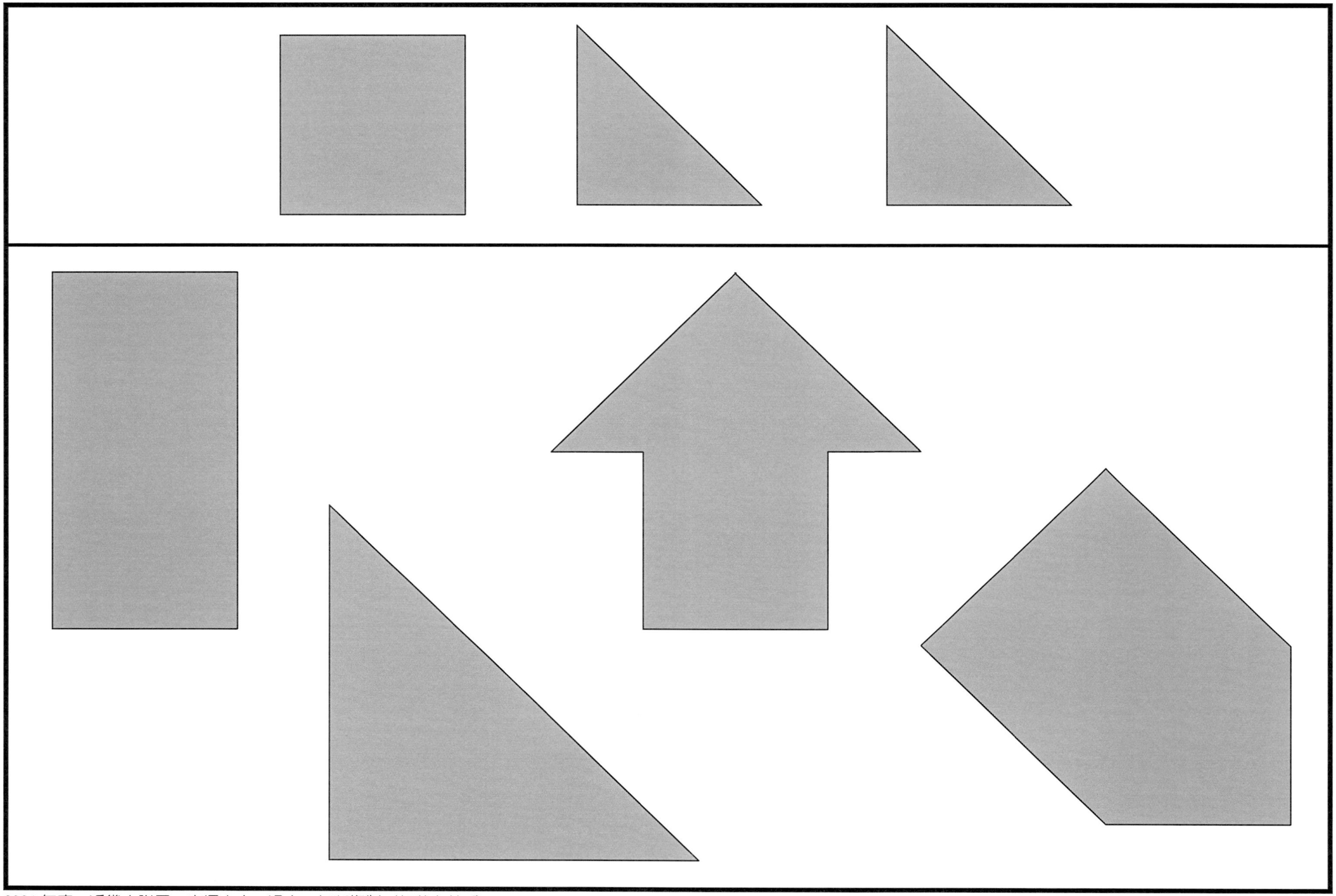

問題8

①

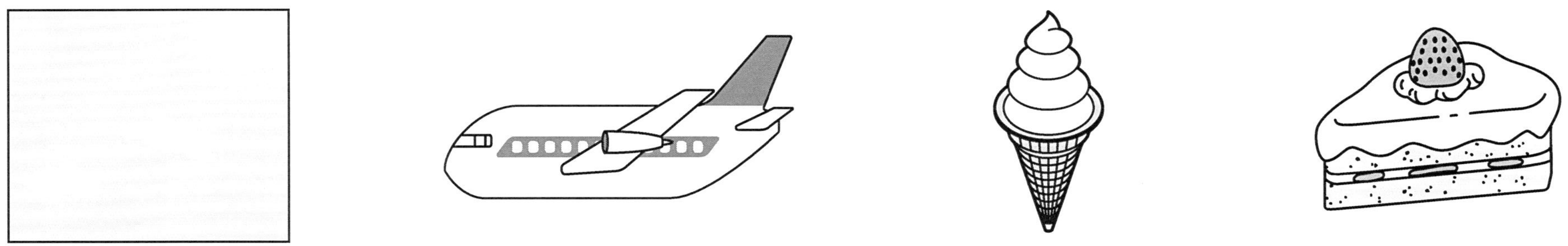

②

③

問題９－１

問題9－2

☆近畿大学附属小学校

日本学習図書株式会社

問題１３

問題１４

①

②

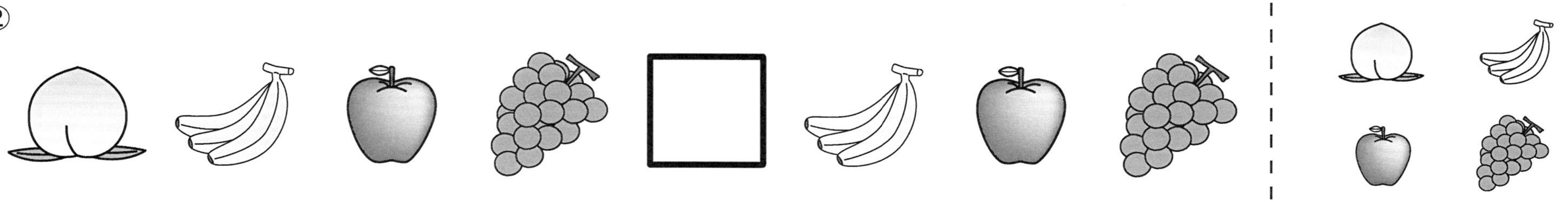

③

④

⑤

☆近畿大学附属小学校

問題15

①

②

問題１６－１

①

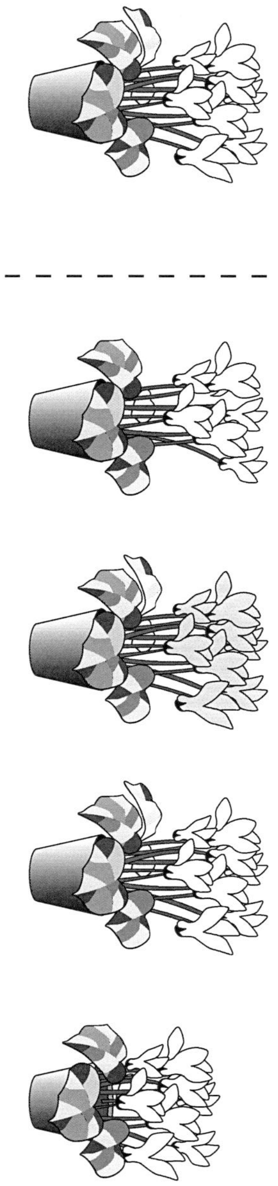

②

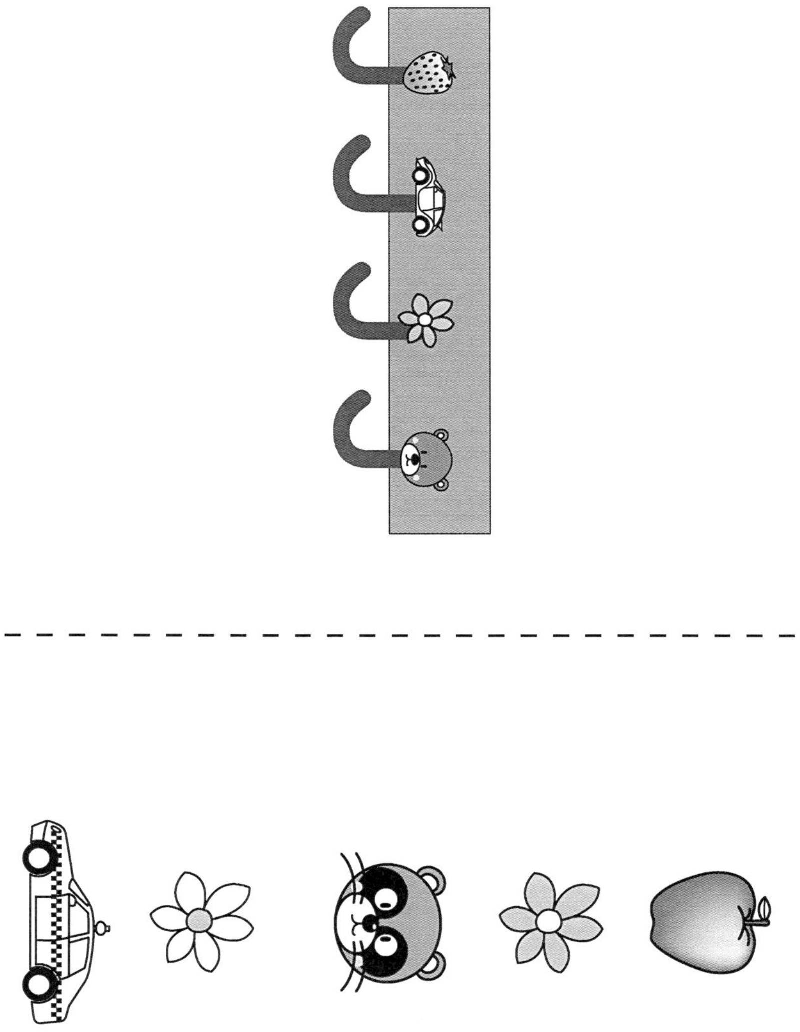

③

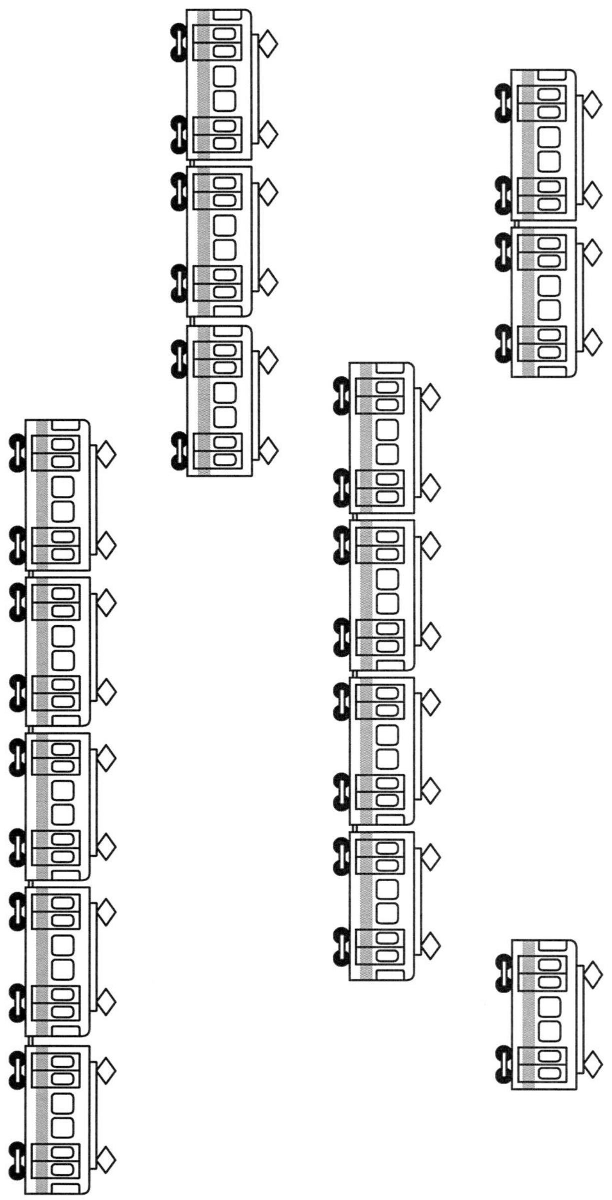

④

⑤

☆近畿大学附属小学校

日本学習図書株式会社

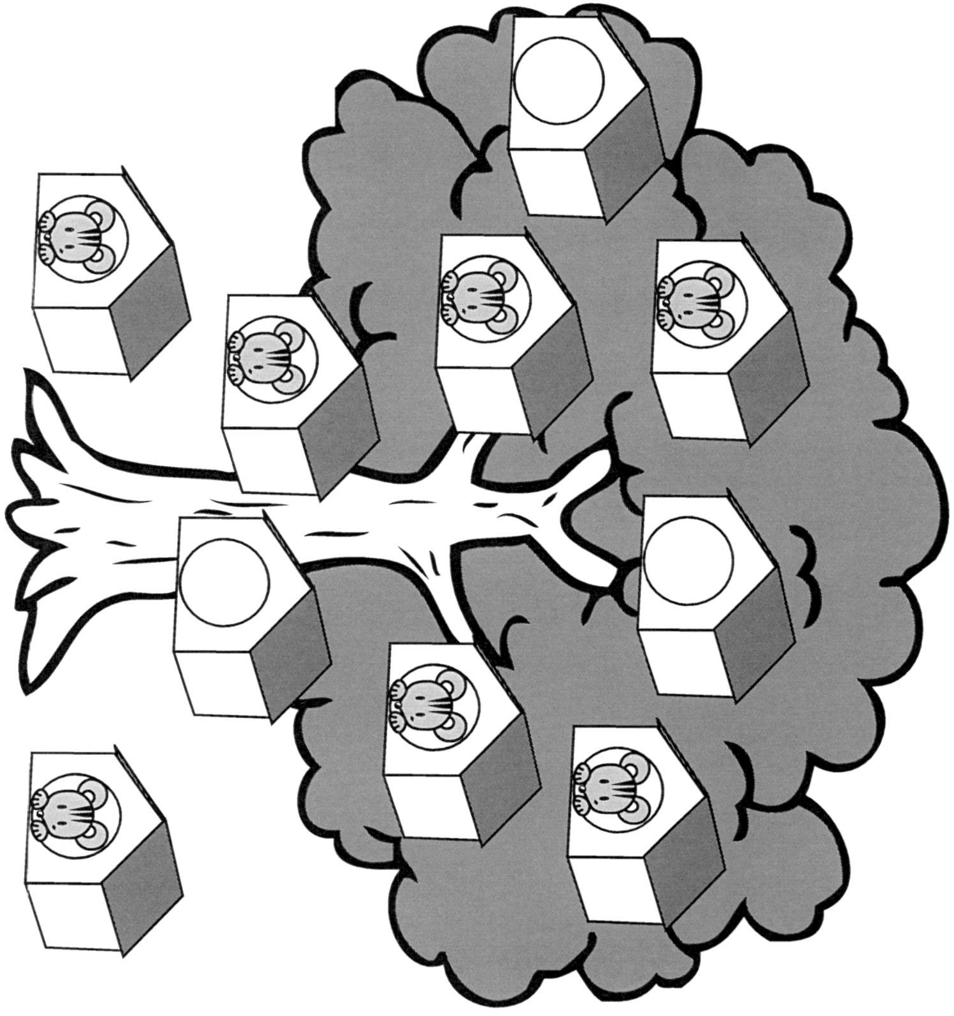

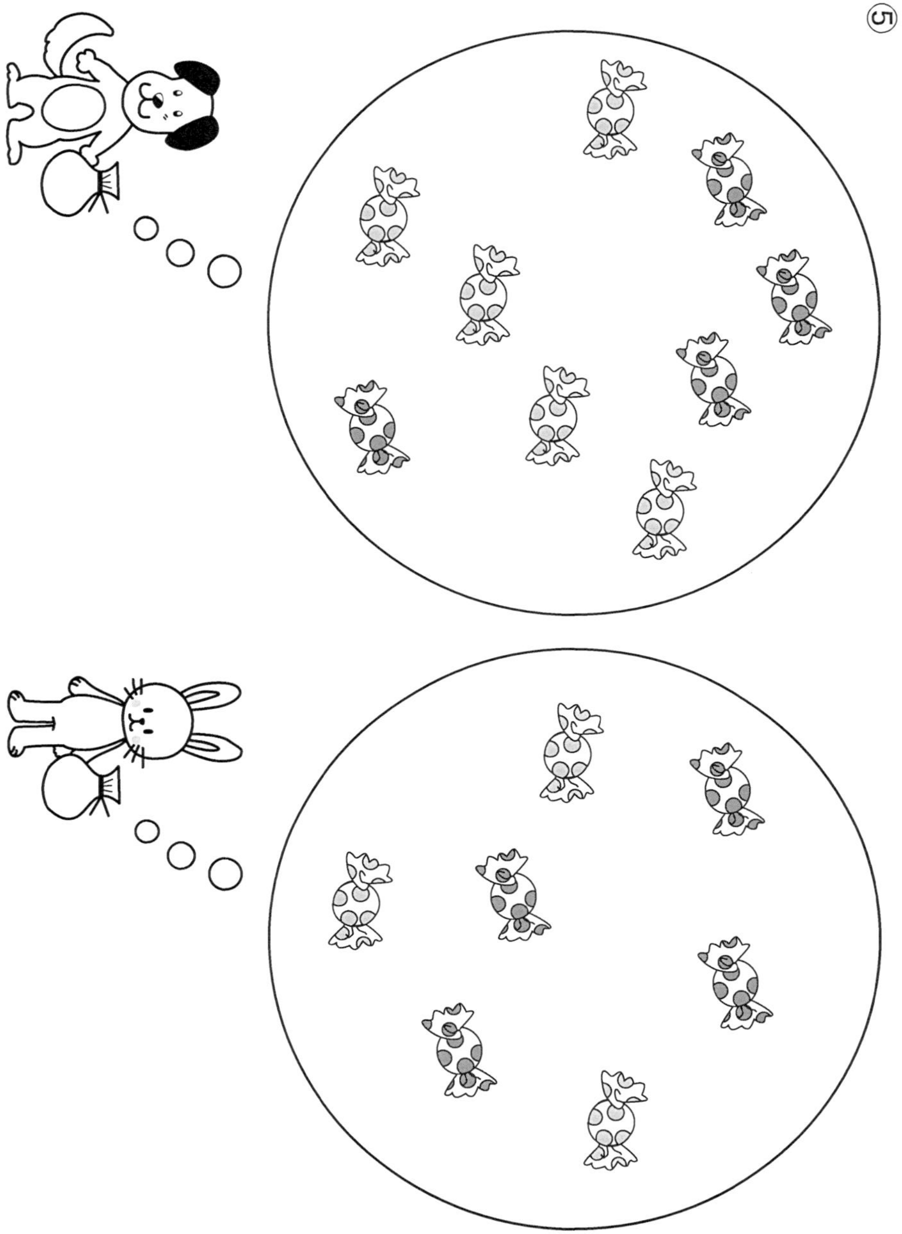

問題１７

①

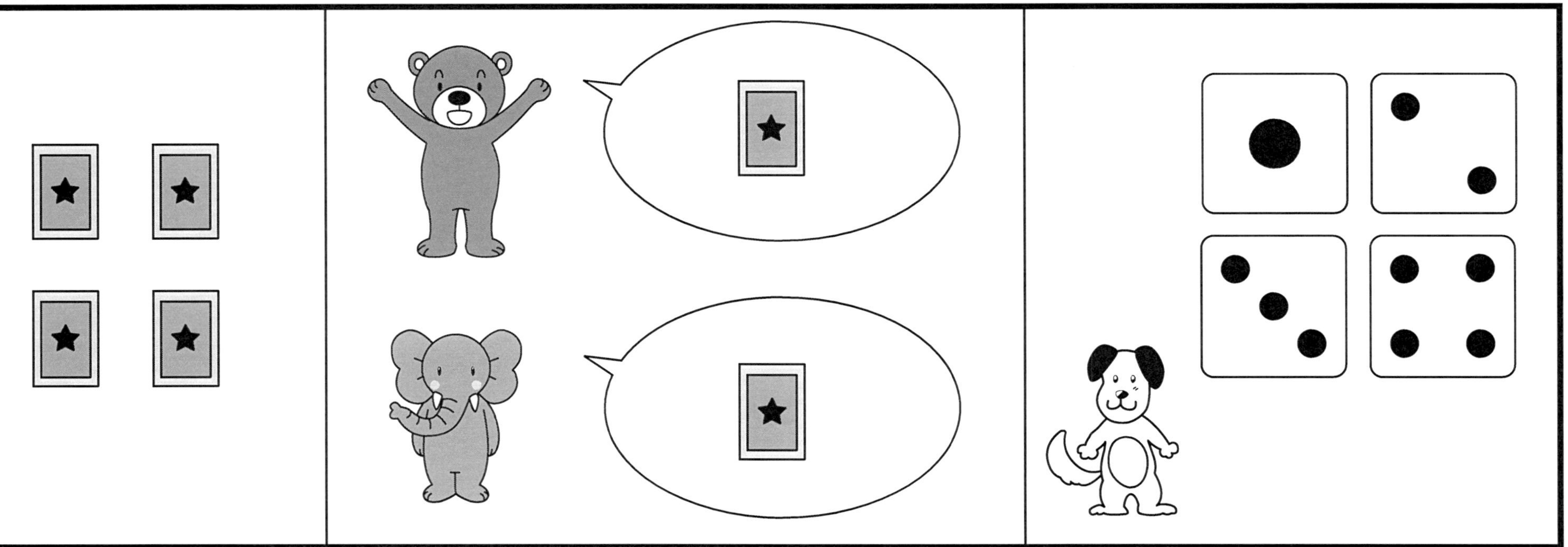

②

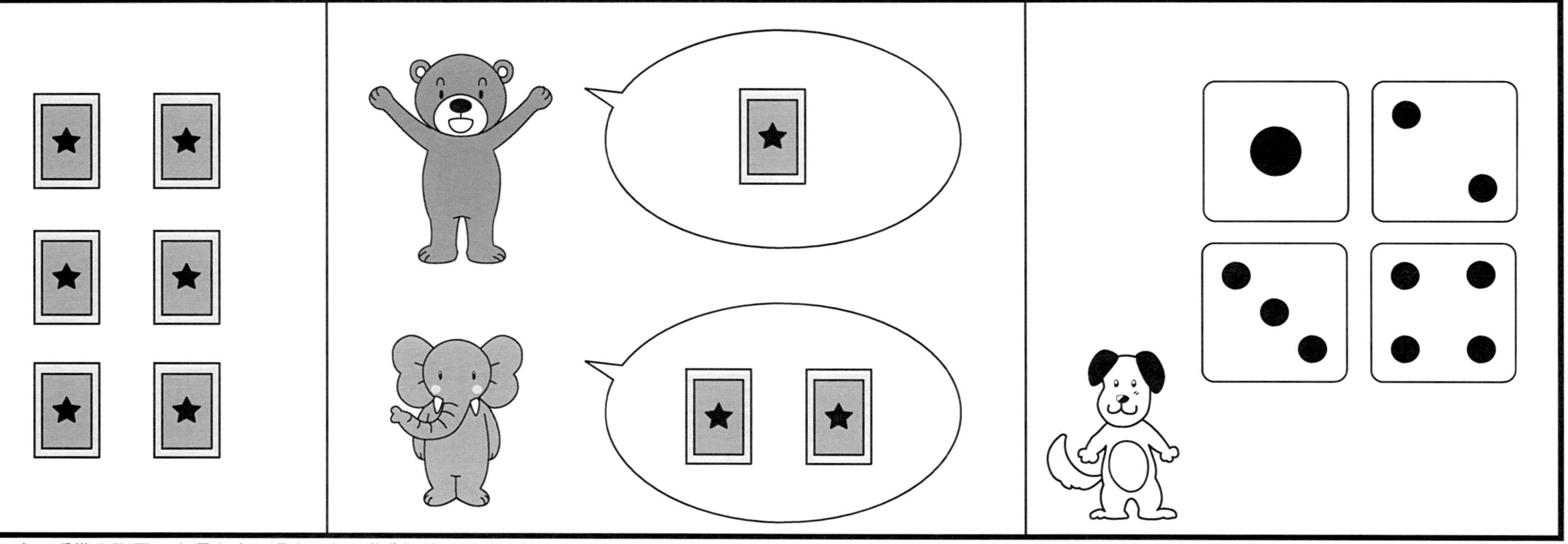

日本学習図書株式会社

問題18

☆近畿大学附属小学校

①

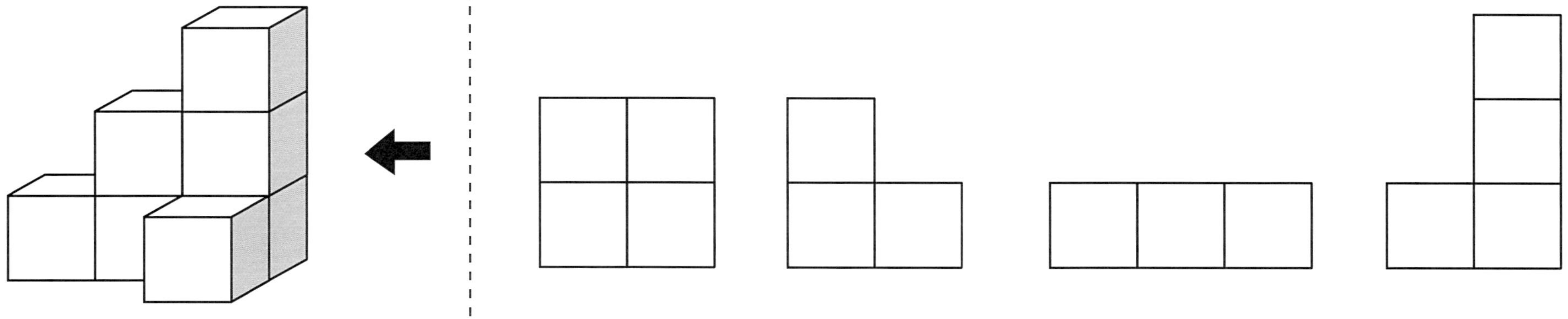

②

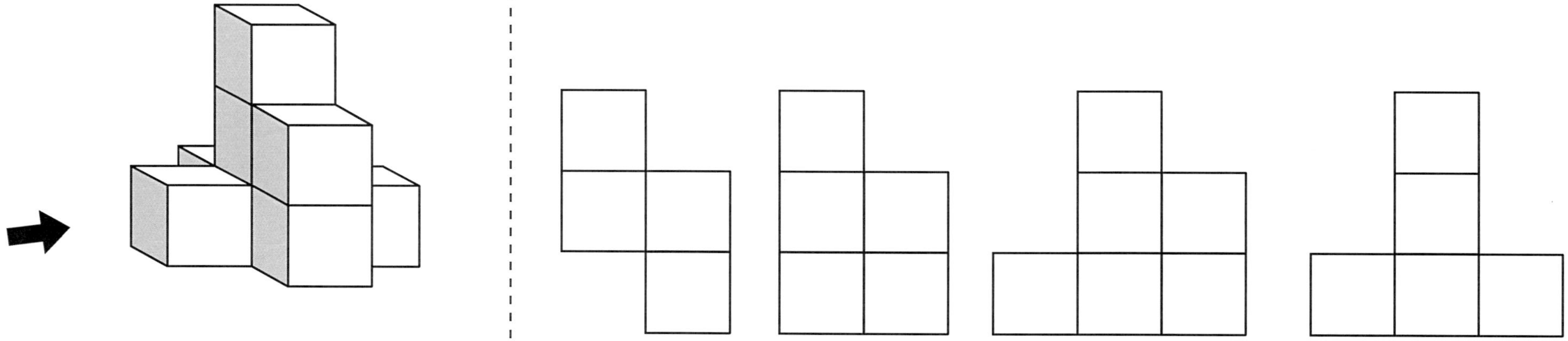

☆近畿大学附属小学校

問題１９

①

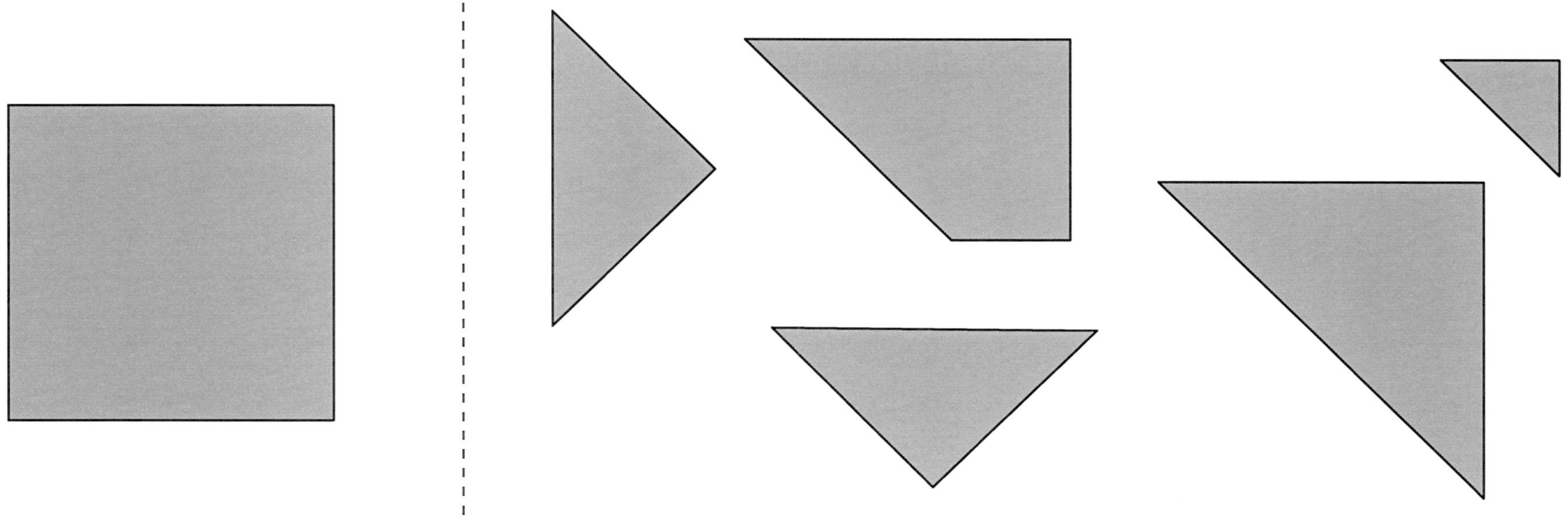

②

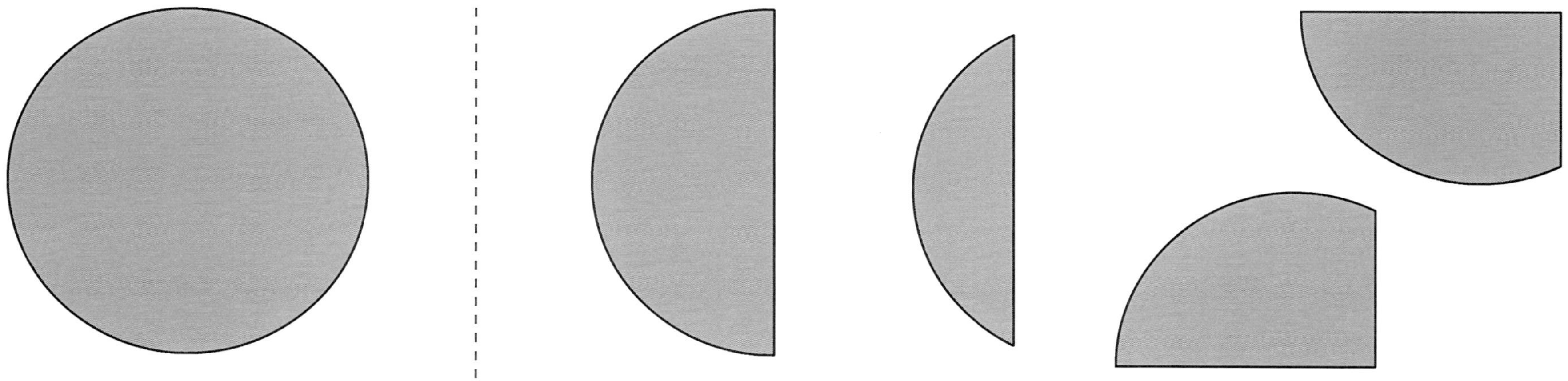

☆近畿大学附属小学校

問題２０

①

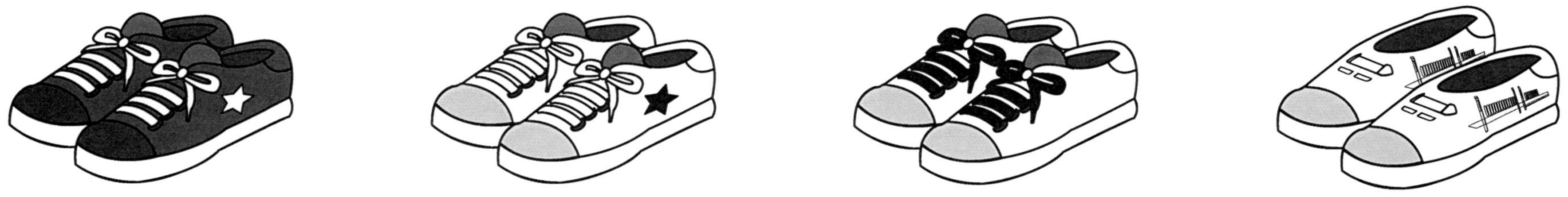

②

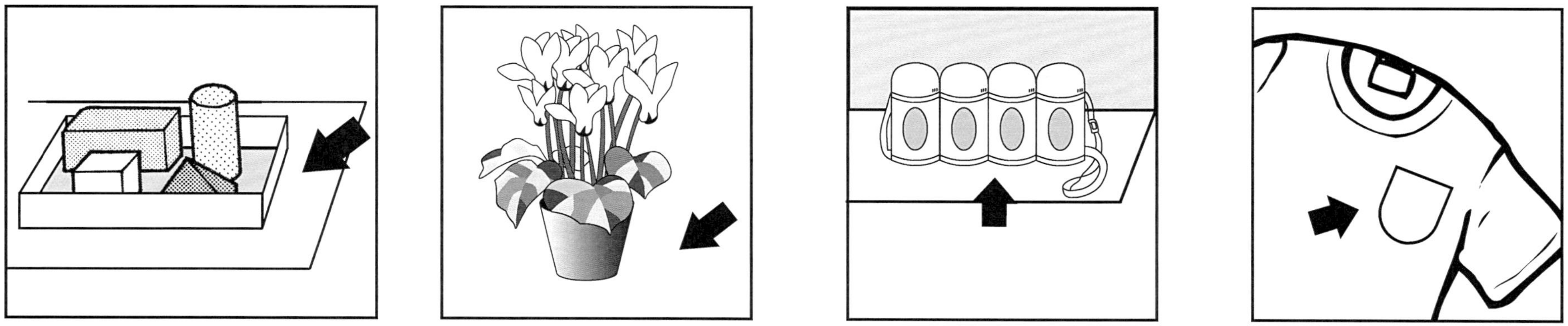

③

☆帝塚山小学校

2021年度　近畿大附属・帝塚山小　過去　無断複製／転載を禁ずる　日本学習図書株式会社

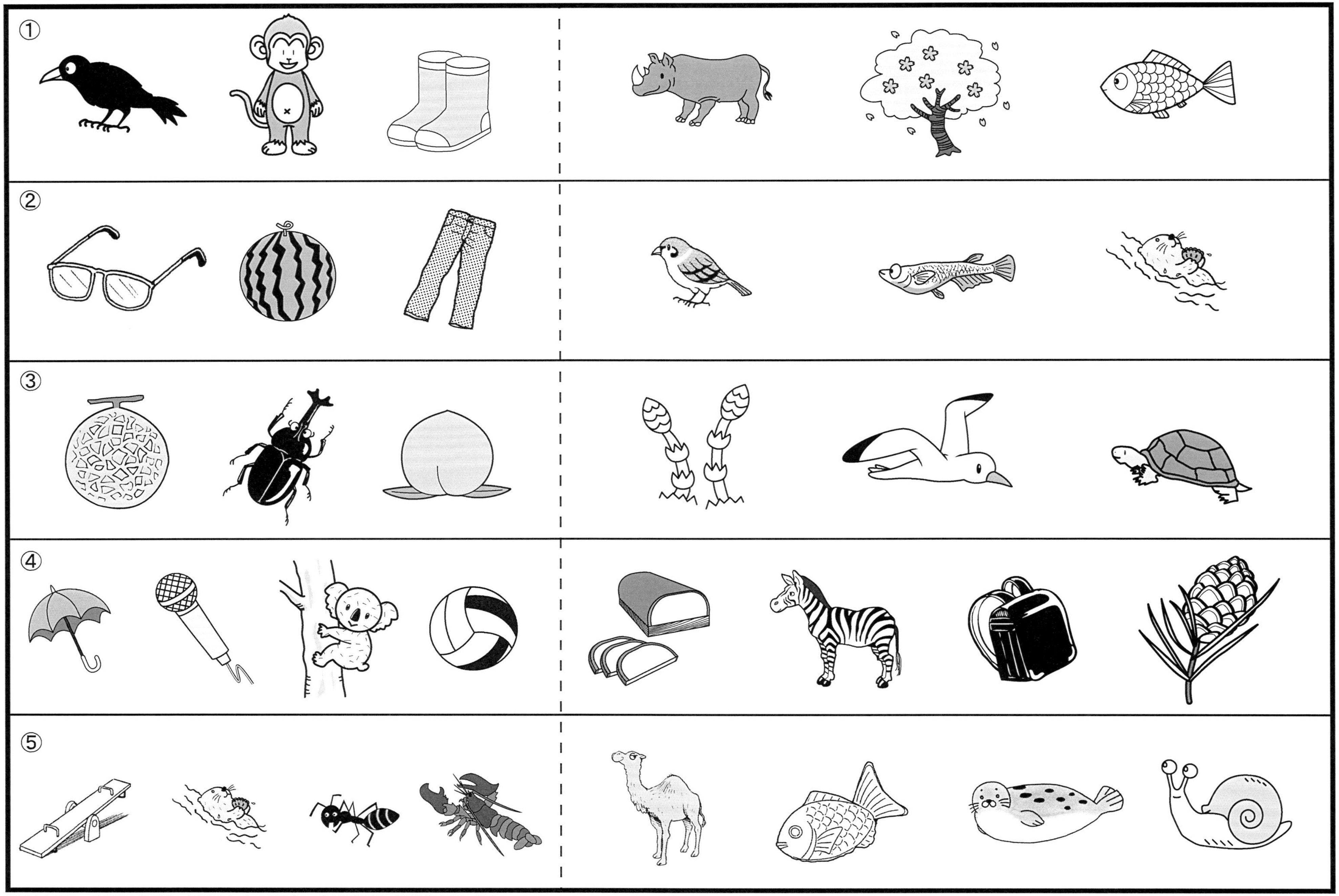

☆帝塚山小学校

問題２２

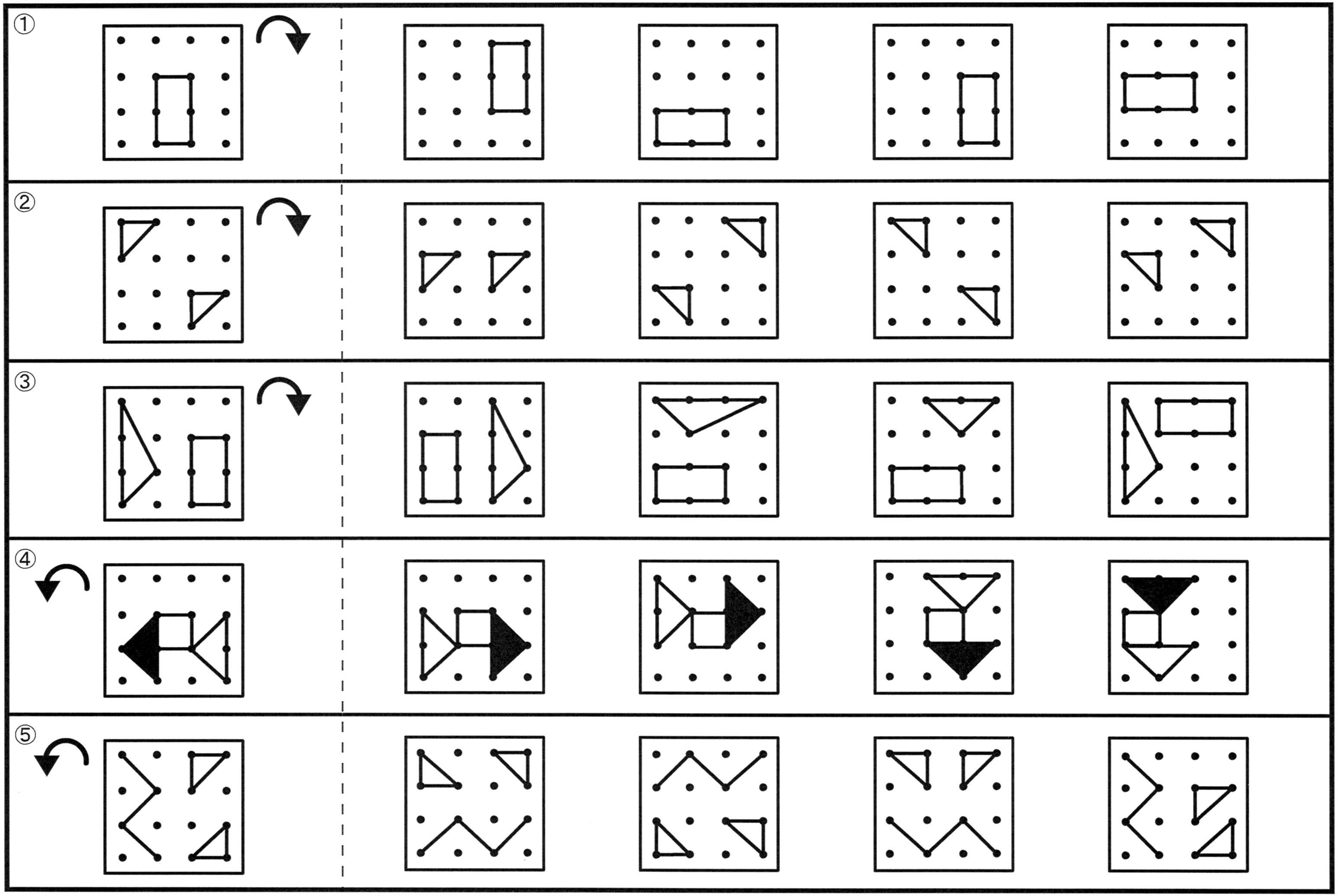

☆帝塚山小学校

2021 年度　近畿大附属・帝塚山小　過去　無断複製／転載を禁ずる　日本学習図書株式会社

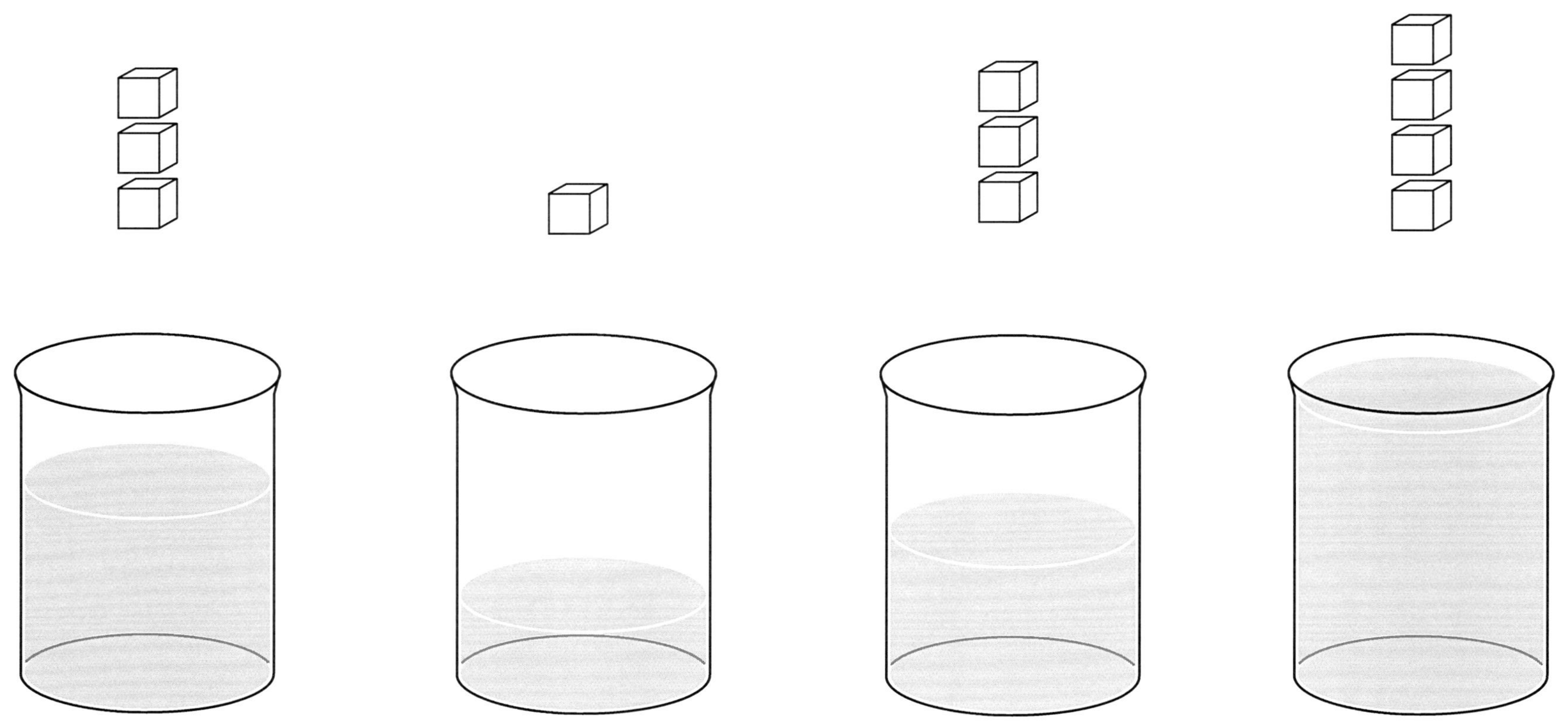

☆帝塚山小学校

2021 年度　近畿大附属・帝塚山小　過去　無断複製／転載を禁ずる　日本学習図書株式会社

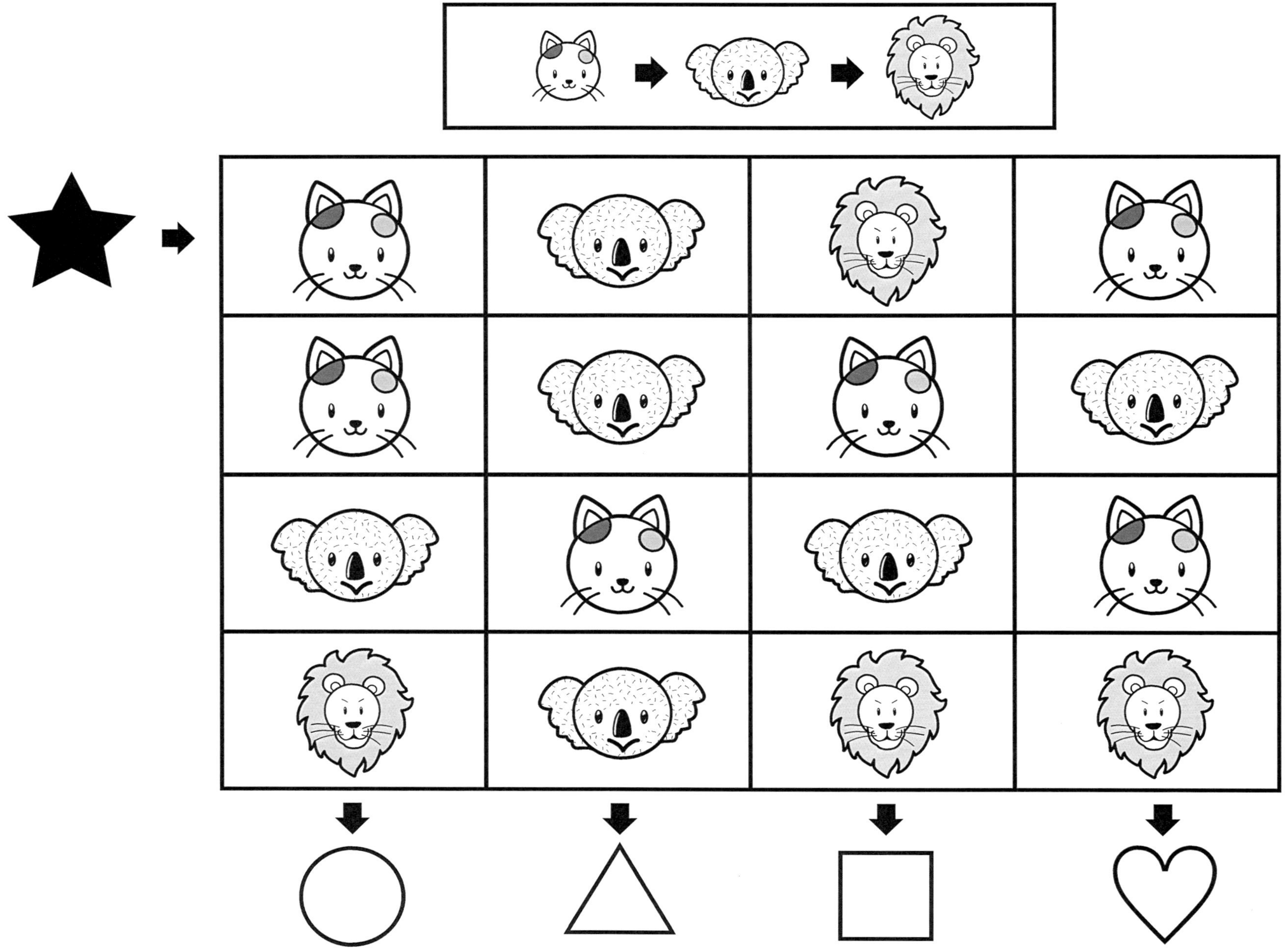

☆帝塚山小学校

問題２５

①

②

③
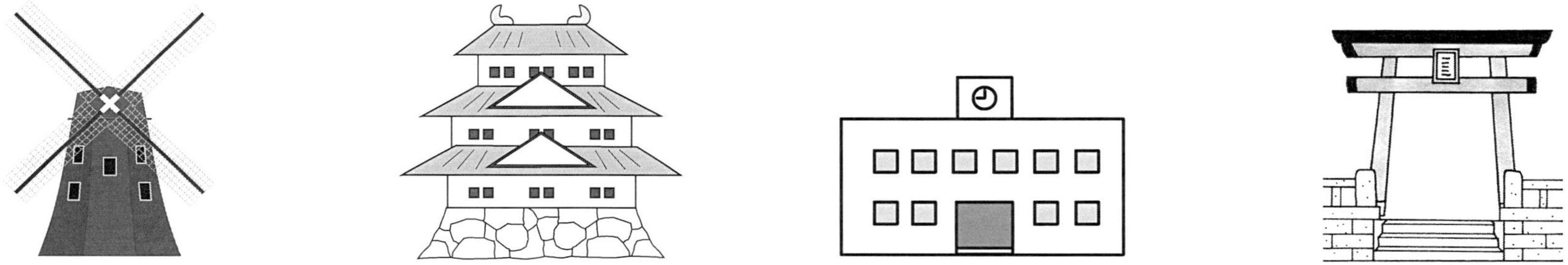

④
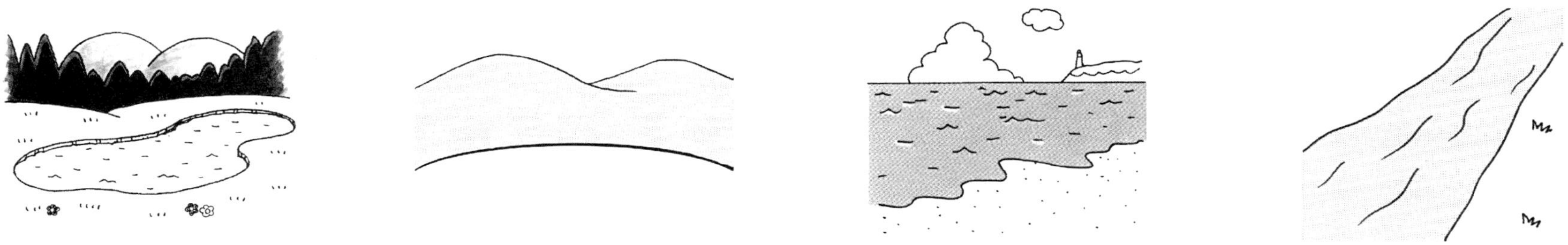

問題２７－１

日本学習図書株式会社

☆帝塚山小学校

2021年度　近畿大附属・帝塚山小　過去　無断複製／転載を禁ずる　　　日本学習図書株式会社

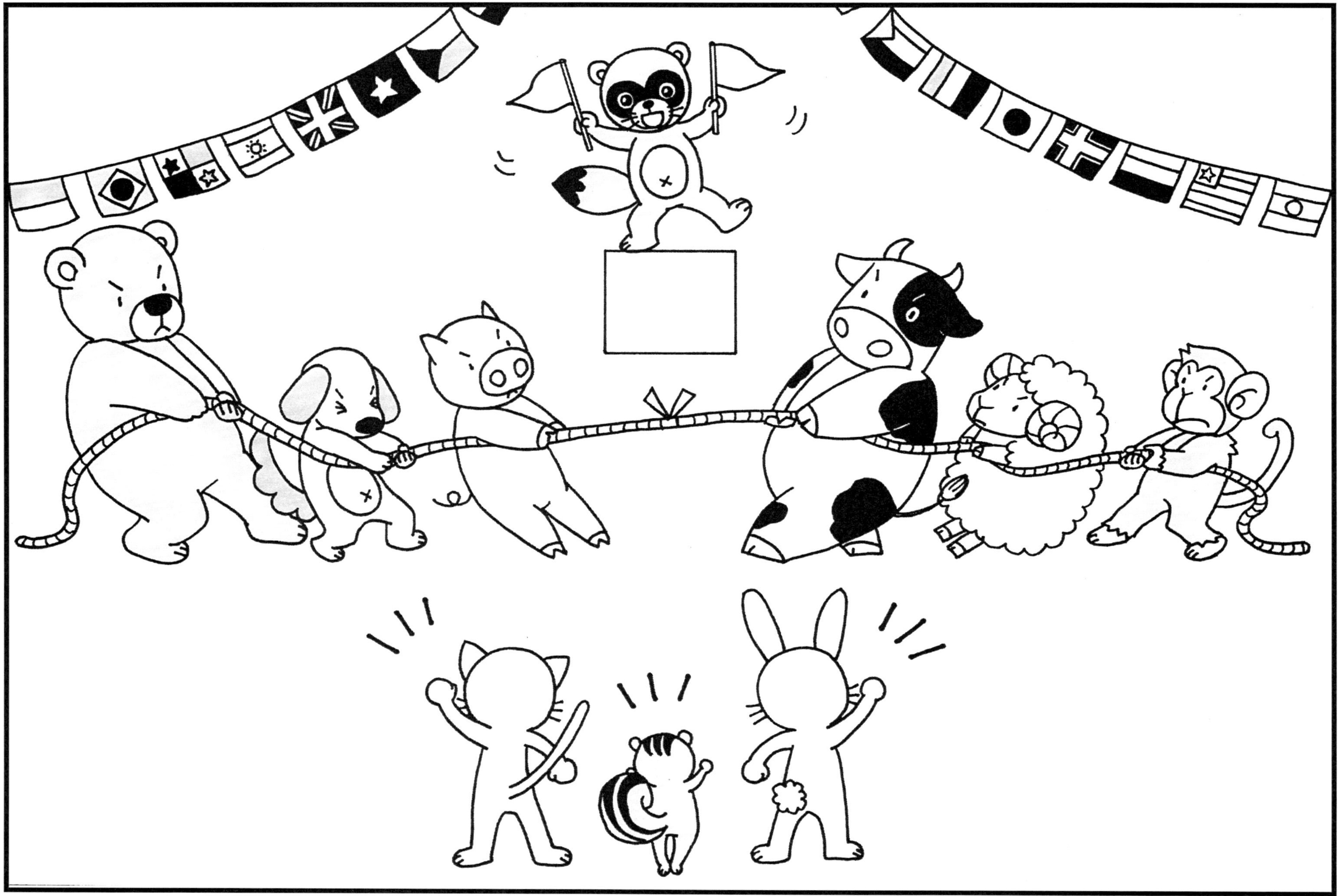

☆帝塚山小学校

問題３０

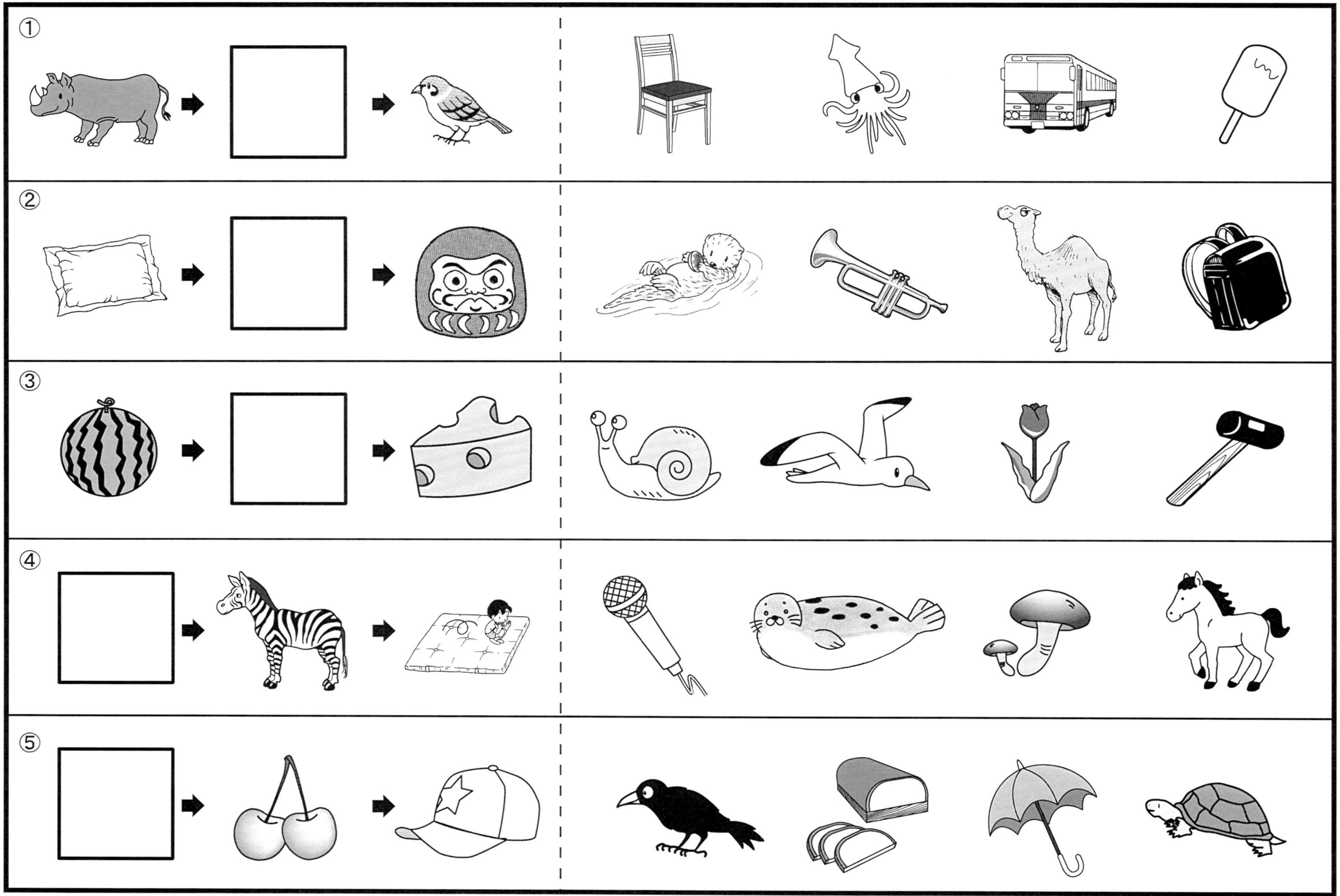

日本学習図書株式会社

☆帝塚山小学校

問題３１

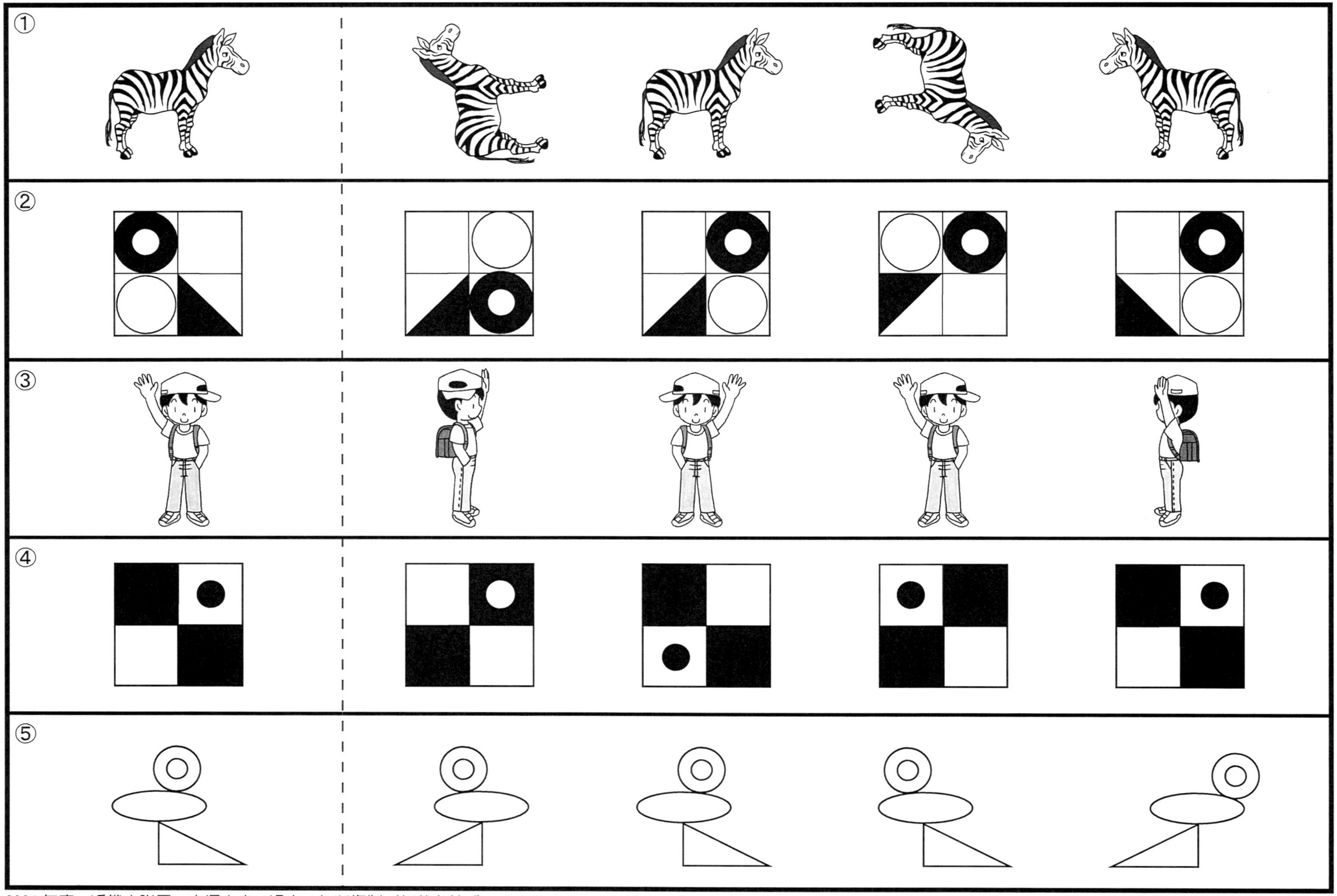

☆帝塚山小学校

問題32

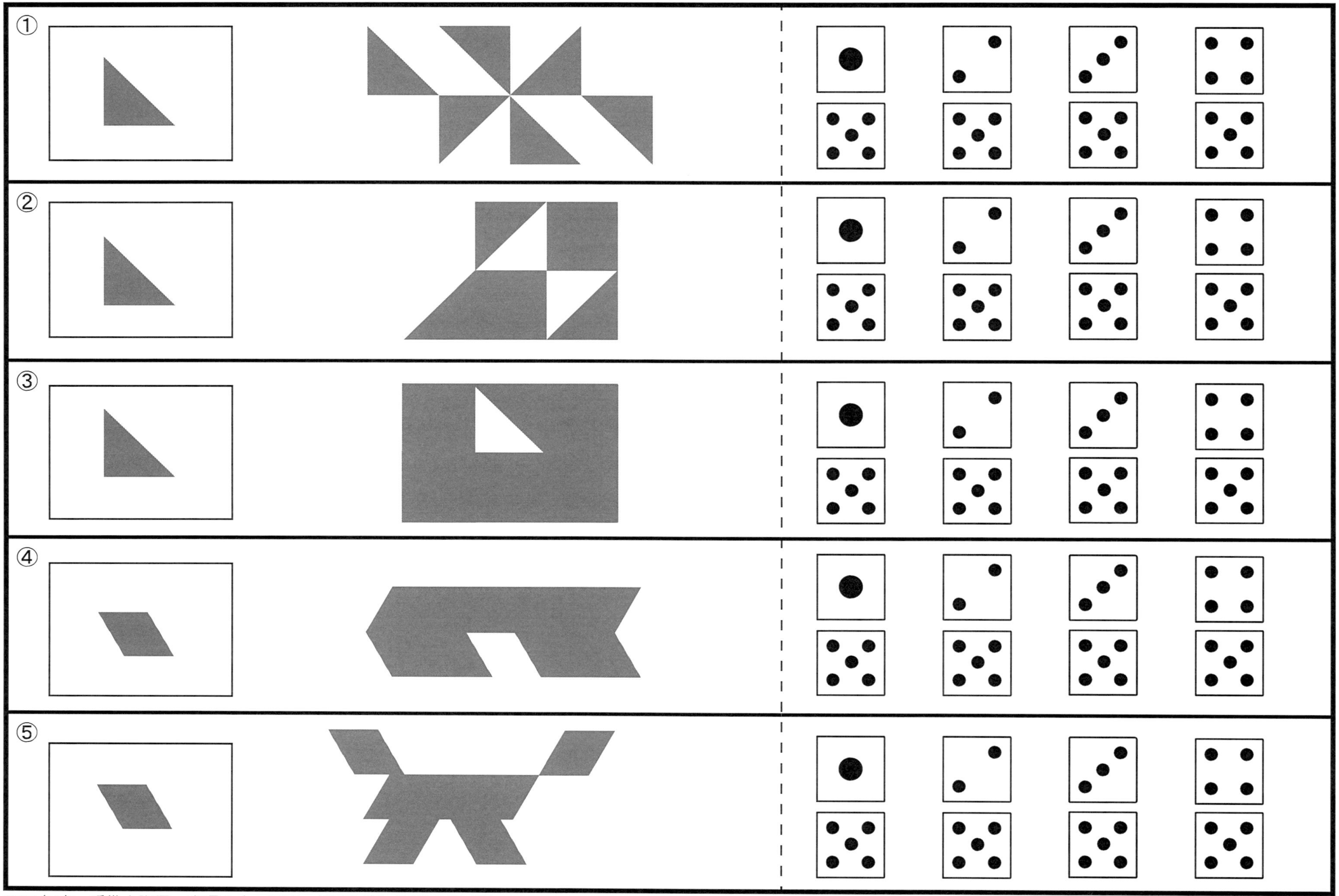

日本学習図書株式会社

問題３３

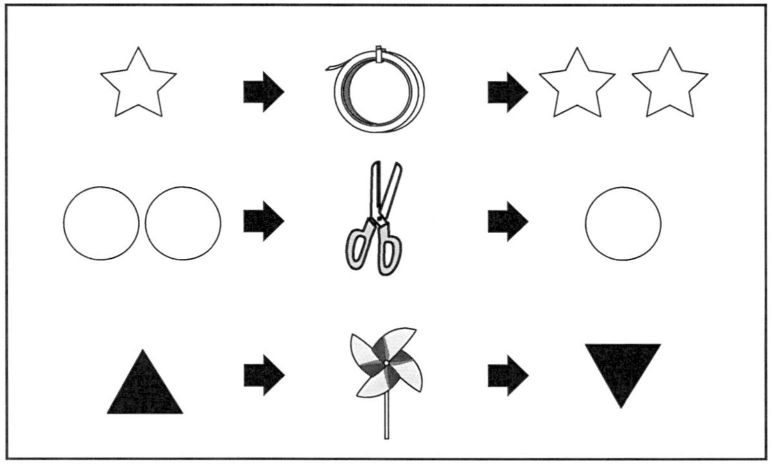

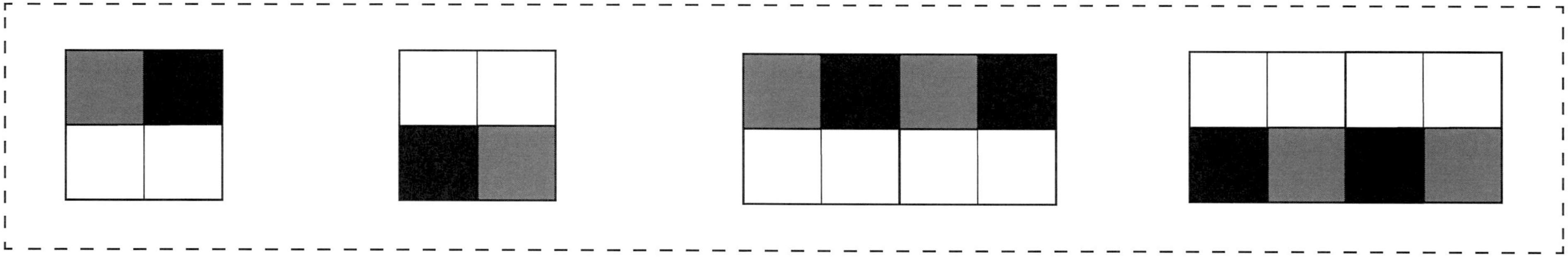

問題34

①

②

③

④

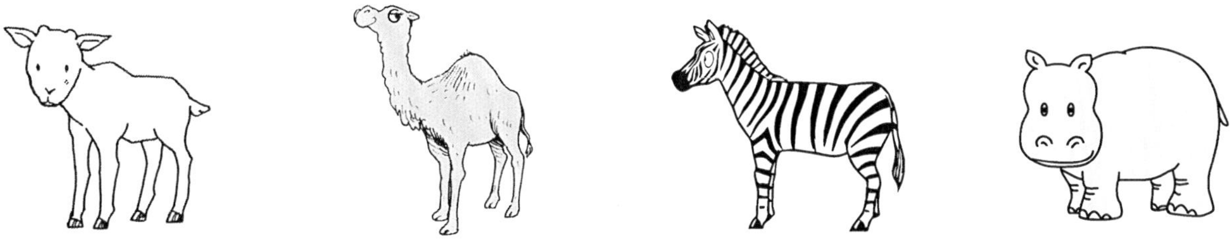

⑤

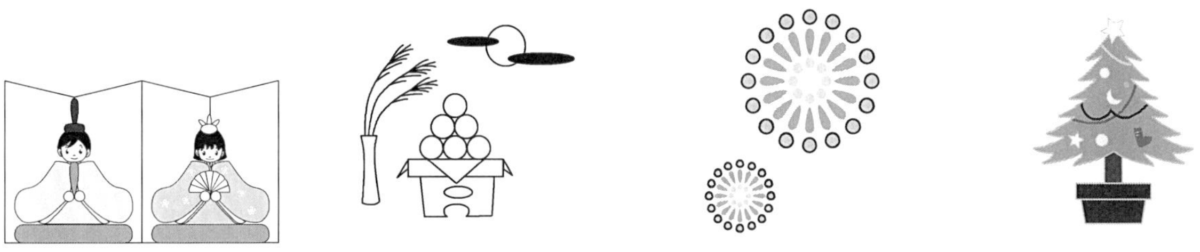

⑥

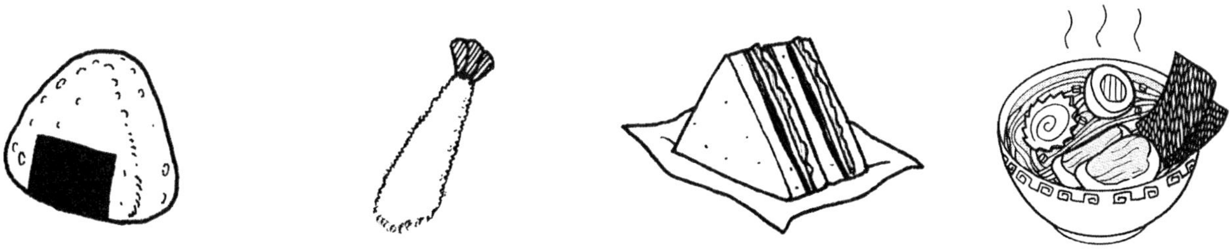

⑦

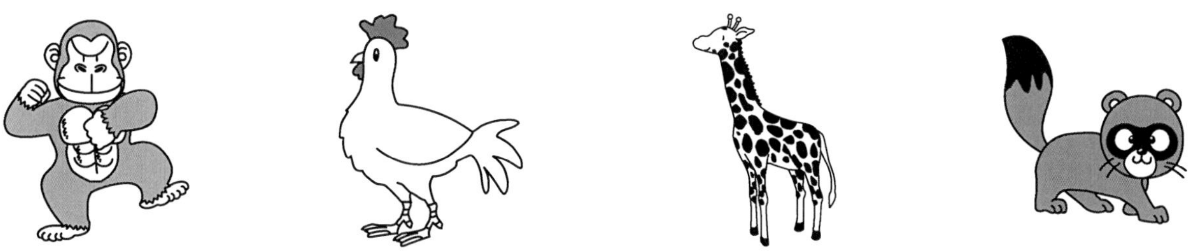

☆帝塚山小学校

日本学習図書株式会社

☆帝塚山小学校

2021年度 近畿大附属・帝塚山小 過去 無断複製／転載を禁ずる 日本学習図書株式会社

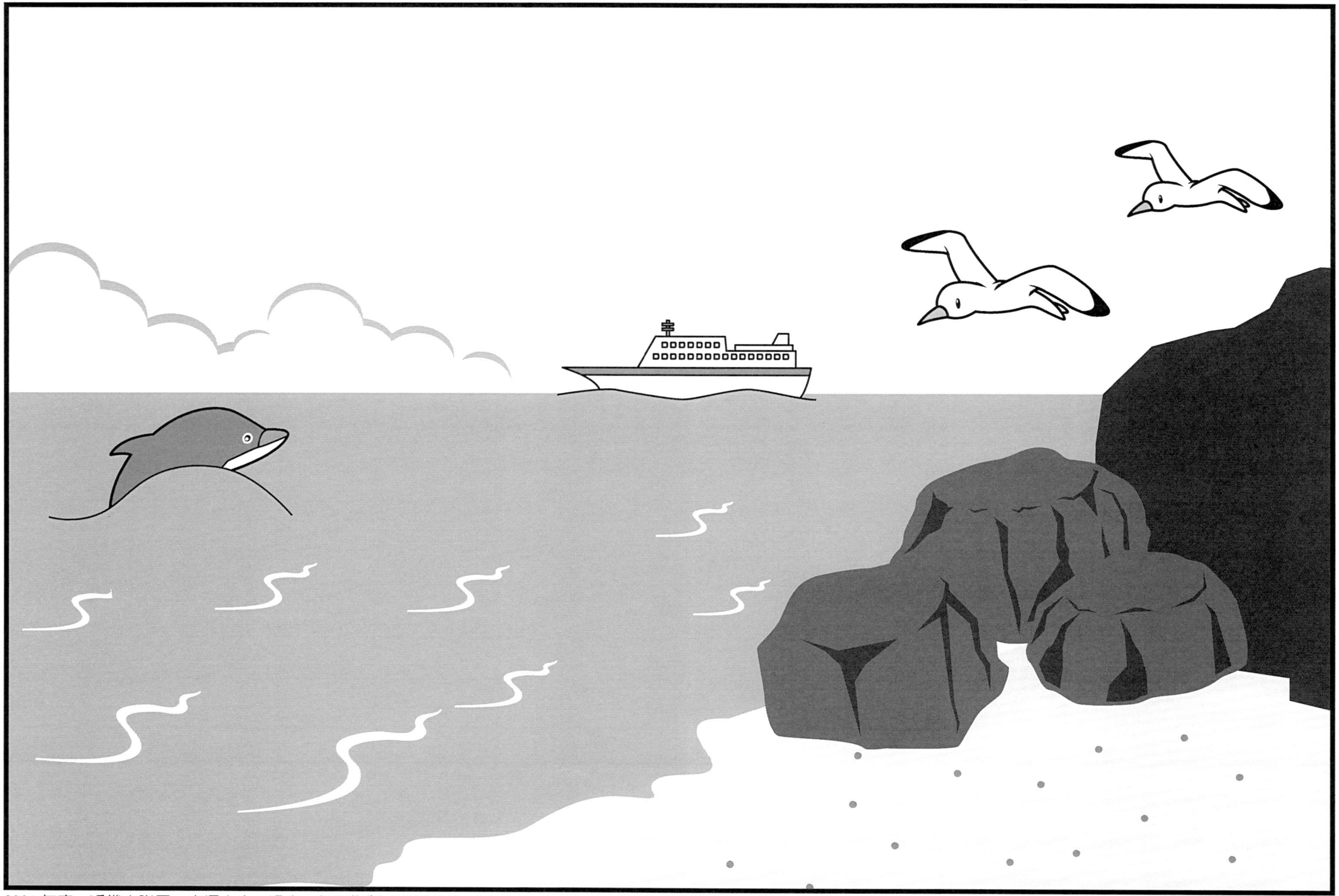

２０２１年度　近畿大附属・帝塚山小　過去　無断複製／転載を禁ずる　日本学習図書株式会社

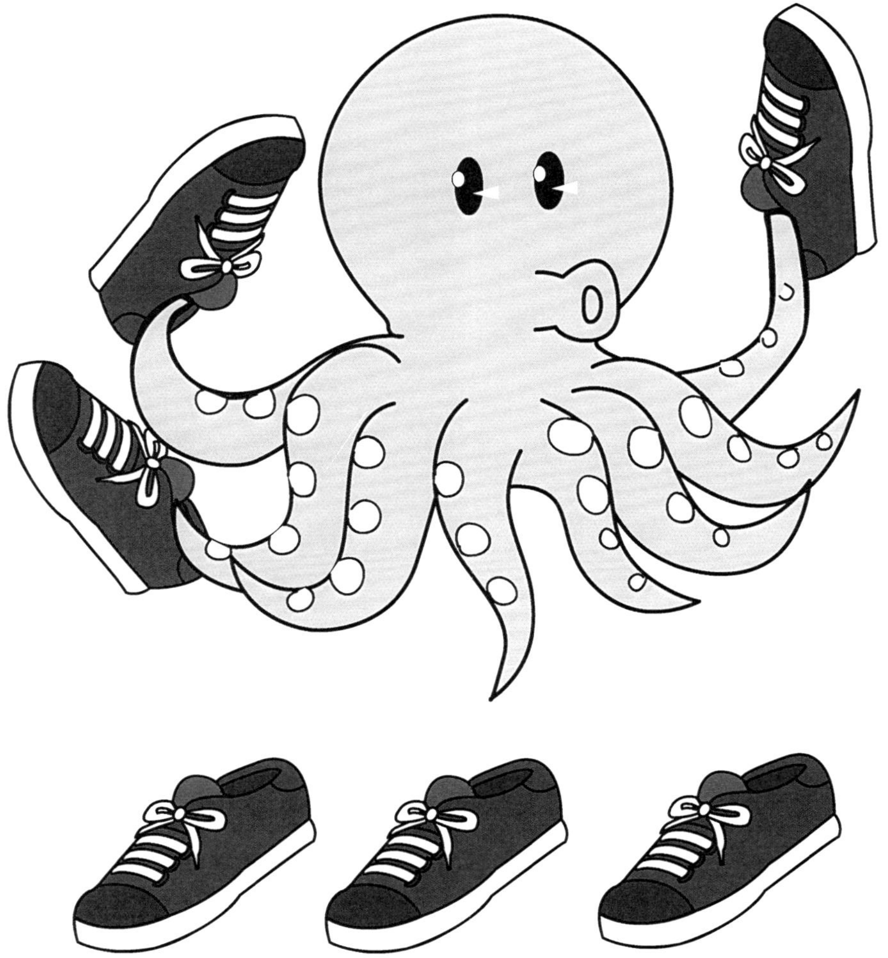

問題３７

☆帝塚山小学校

①

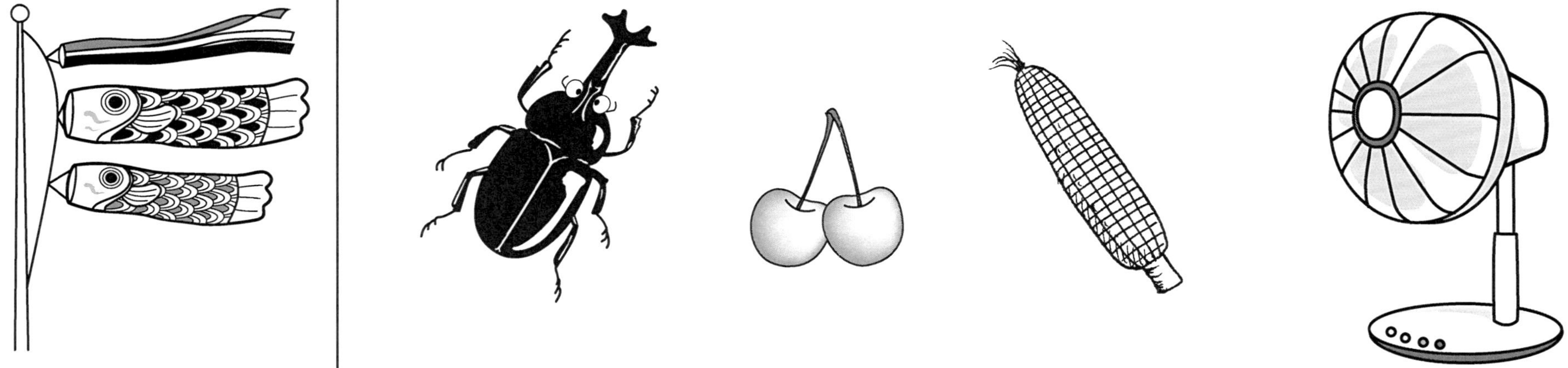

②

☆帝塚山小学校

問題３８

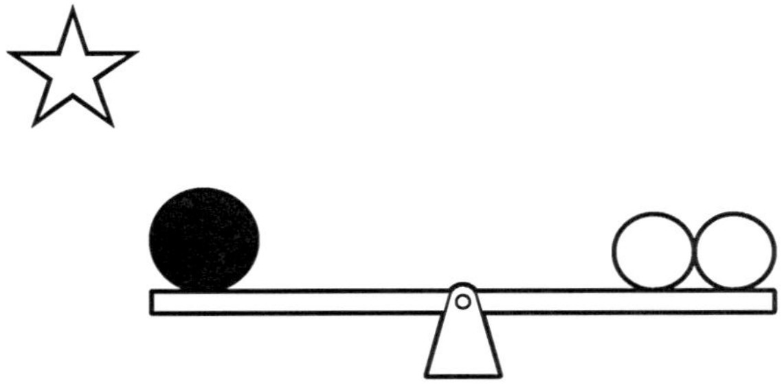

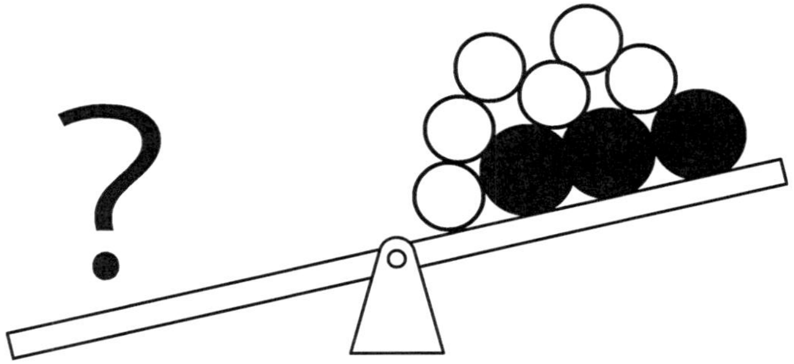

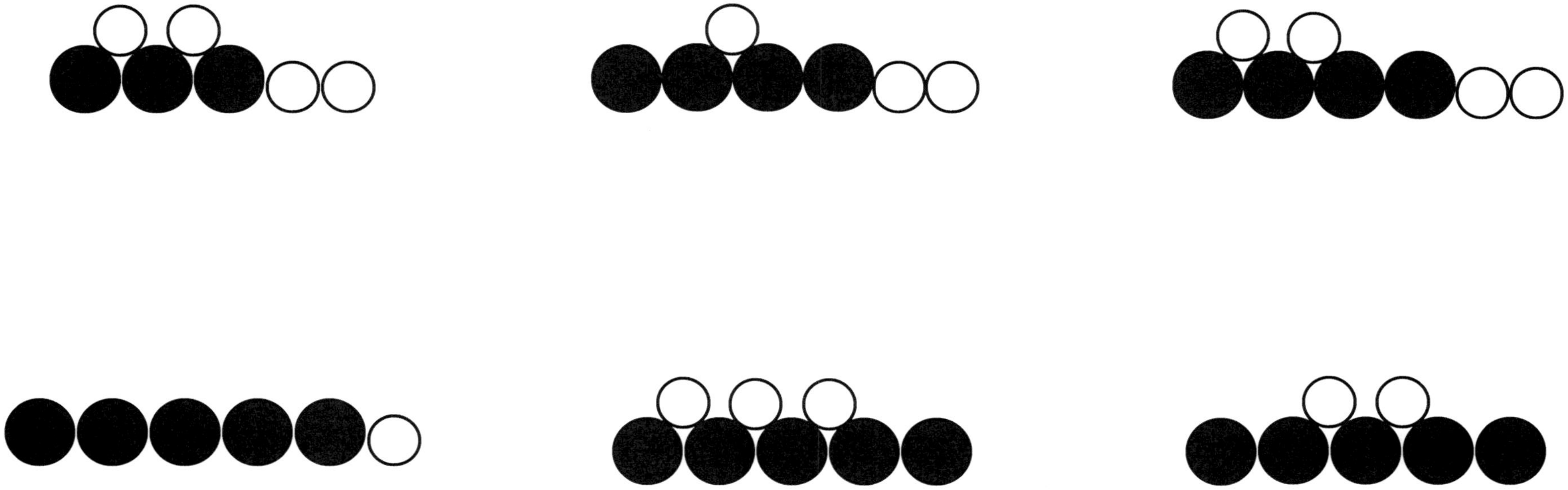

☆帝塚山小学校

問題３９

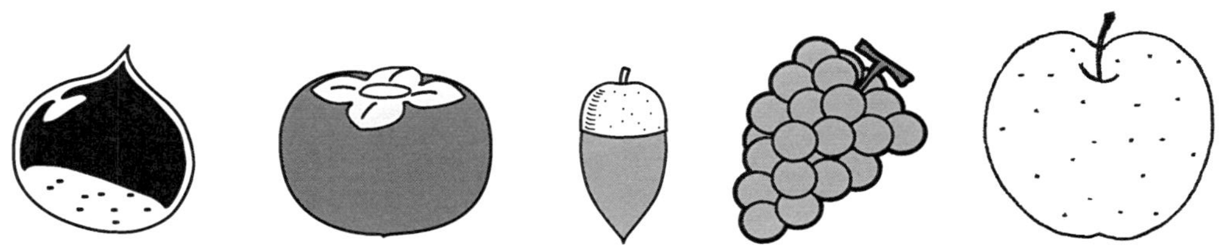

☆帝塚山小学校

問題４０

①

②

③

④

分野別 小学入試練習帳 ジュニアウォッチャー

1．点・線図形	小学校入試で出題頻度の高い『点・線図形』の模写を、難易度の低いものから段階別に幅広く練習することができるように構成。
2．座標	図形の位置模写という作業を、難易度の低いものから段階別に練習できるように構成。
3．パズル	様々なパズルの問題を難易度の低いものから段階別に練習できるように構成。
4．同図形探し	小学校入試で出題頻度の高い、同図形選びの問題を繰り返し練習できるように構成。
5．回転・展開	図形などを回転、または展開したとき、形がどのように変化するかを学習し、理解を深められるように構成。
6．系列	数、図形などの様々な系列問題を、難易度の低いものから段階別に練習できるように構成。
7．迷路	迷路の問題を繰り返し練習できるように構成。
8．対称	対称に関する問題を４つのテーマに分類し、各テーマごとに問題を段階別に練習できるように構成。
9．合成	図形の合成に関する問題を、難易度の低いものから段階別に練習できるように構成。
10．四方からの観察	もの（立体）を様々な角度から見て、どのように見えるかを推理する問題を段階別に整理し、１つの形式で複数の問題を練習できるように構成。
11．いろいろな仲間	ものや動物、植物の共通点を見つけ、分類していく問題を中心に構成。
12．日常生活	日常生活における様々な問題を６つのテーマに分類し、各テーマごとに一つの問題形式で複数の問題を練習できるように構成。
13．時間の流れ	『時間』に着目し、様々なものごとは、時間が経過するとどのように変化するのかということを学習し、理解できるように構成。
14．数える	様々なものを『数える』ことから、数の多少の判定やかけ算、わり算の基礎までを練習できるように構成。
15．比較	比較に関する問題を５つのテーマ（数、高さ、長さ、量、重さ）に分類し、各テーマごとに問題を段階別に練習できるように構成。
16．積み木	数える対象を積み木に限定した問題集。
17．言葉の音遊び	言葉の音に関する問題を５つのテーマに分類し、各テーマごとに問題を段階別に練習できるように構成。
18．いろいろな言葉	表現力をより豊かにするいろいろな言葉として、擬態語や擬声語、同音異義語、反意語、数詞を取り上げた問題集。
19．お話の記憶	お話を聴いてその内容を記憶、理解し、設問に答える形式の問題集。
20．見る記憶・聴く記憶	「見て憶える」「聴いて憶える」という『記憶』分野に特化した問題集。
21．お話作り	いくつかの絵を元にしてお話を作る練習をして、想像力を養うことができるように構成。
22．想像画	描かれてある形や景色に好きな絵を描くことにより、想像力を養うことができるように構成。
23．切る・貼る・塗る	小学校入試で出題頻度の高い、はさみやのりなどを用いた巧緻性の問題を繰り返し練習できるように構成。
24・絵画	小学校入試で出題頻度の高い、お絵かきやぬり絵などクレヨンやクーピーペンを用いた巧緻性の問題を繰り返し練習できるように構成。
25．生活巧緻性	小学校入試で出題頻度の高い日常生活の様々な場面における巧緻性の問題集。
26．文字・数字	ひらがなの清音、濁音、拗音、拗長音、促音と１～20までの数字に焦点を絞り、練習できるように構成。
27．理科	小学校入試で出題頻度が高くなりつつある理科の問題を集めた問題集。
28．運動	出題頻度の高い運動問題を種目別に分けて構成。
29．行動観察	項目ごとに問題提起をし、「このような時はどうか、あるいはどう対処するのか」の観点から問いかける形式の問題集。
30．生活習慣	学校から家庭に提起された問題と思って、一問一問絵を見ながら話し合い、考える形式の問題集。

31．推理思考	数、量、言語、常識（含理科、一般）など、諸々のジャンルから問題を構成し、近年の小学校入試問題傾向に沿って構成。
32．ブラックボックス	箱や筒の中を通ると、どのようなお約束でどのように変化するかを推理・思考する問題集。
33．シーソー	重さの違うものをシーソーに乗せた時どちらに傾くのか、またどうすればシーソーは釣り合うのかを思考する基礎的な問題集。
34．季節	様々な行事や植物などを季節別に分類できるように知識をつける問題集。
35．重ね図形	小学校入試で頻繁に出題されている「図形を重ね合わせてできる形」についての問題を集めました。
36．同数発見	様々な物を数え「同じ数」を発見し、数の多少の判断や数の認識の基礎を学べるように構成した問題集。
37．選んで数える	数の学習の基本となる、いろいろなものの数を正しく数える学習を行う問題集。
38．たし算・ひき算１	数字を使わず、たし算とひき算の基礎を身につけるための問題集。
39．たし算・ひき算２	数字を使わず、たし算とひき算の基礎を身につけるための問題集。
40．数を分ける	数を等しく分ける問題です。等しく分けたときに余りが出るものもあります。
41．数の構成	ある数がどのような数で構成されているか学んでいきます。
42．一対多の対応	一対一の対応から、一対多の対応まで、かけ算の考え方の基礎学習を行います。
43．数のやりとり	あげたり、もらったり、数の変化をしっかりと学びます。
44．見えない数	指定された条件から数を導き出します。
45．図形分割	図形の分割に関する問題集。パズルや合成の分野にも通じる様々な問題を集めました。
46．回転図形	「回転図形」に関する問題集。やさしい問題から始め、いくつかの代表的なパターンから、段階を踏んで学習できるよう編集されています。
47．座標の移動	「マス目の指示通りに移動する問題」と「指示された数だけ移動する問題」を収録。
48．鏡図形	鏡で左右反転させた時の見え方を考えます。平面図形から立体図形、文字、絵まで。
49．しりとり	すべての学習の基礎となる「言葉」を学ぶこと、特に「語彙」を増やすことに重点をおき、さまざまなタイプの「しりとり」問題を集めました。
50．観覧車	観覧車やメリーゴーラウンドなどを舞台にした「回転系列」の問題集。「推理思考」分野の問題ですが、要素として「図形」や「数量」も含みます。
51．運筆①	鉛筆の持ち方を学び、点線なぞり、お手本を見ながらの模写で、線を引く練習をします。
52．運筆②	運筆①からさらに発展し、「欠所補完」や「迷路」などを楽しみながら、より複雑な鉛筆運びを習得することを目指します。
53．四方からの観察 積み木編	積み木を使用した「四方からの観察」に関する問題を練習できるように構成。
54．図形の構成	見本の図形がどのような部分によって形づくられているかを考えます。
55．理科②	理科的知識に関する問題を集中して練習する「常識」分野の問題集。
56．マナーとルール	道路や駅、公共の場でのマナー、安全や衛生に関する常識を学べるように構成。
57．置き換え	さまざまな具体的・抽象的事象を記号で表す「置き換え」の問題を扱います。
58．比較②	長さ・高さ・体積・数などを数学的な知識を使わず、論理的に推測する「比較」の問題を練習できるように構成。
59．欠所補完	線と線のつながり、欠けた絵に当てはまるものなどを求める「欠所補完」に取り組める問題集です。
60．言葉の音（おん）	しりとり、決まった順番の音をつなげるなど、「言葉の音」に関する問題に取り組める練習問題集です。

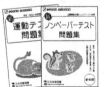

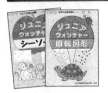

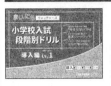

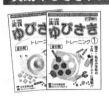

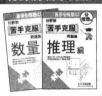

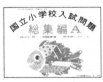

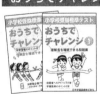

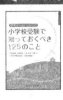

『読み聞かせ』×『質問』＝『聞く力』

お話の記憶の練習に最適

1話5分の 読み聞かせお話集①②

「アラビアン・ナイト」「アンデルセン童話」「イソップ寓話」「グリム童話」、日本や各国の民話、昔話、偉人伝の中から、教育的な物語や、過去に小学校入試でも出題された有名なお話を中心に掲載。お話ごとに、内容に関連したお子さまへの質問も掲載しています。「読み聞かせ」を通して、お子さまの『聞く力』を伸ばすことを目指します。　①巻・②巻　各48話

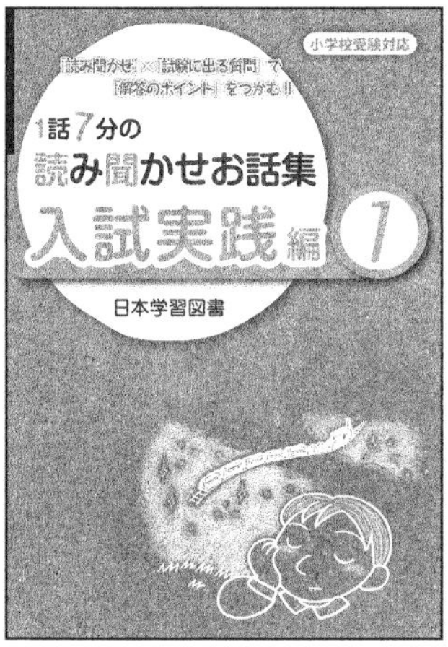

1話7分の読み聞かせお話集 入試実践編①

国立・私立 小学校受験 対応

最長1,700文字の長文のお話を掲載。有名でない＝「聞いたことのない」お話を聞くことで、『集中力』のアップを目指します。設問も、実際の試験を意識した設問としています。ペーパーテスト実施校の多くが「お話の記憶」の問題を出題します。毎日の「読み聞かせ」と「試験に出る質問」で、「解答のポイント」をつかんで臨みましょう！　50話収録

ニチガクの この5冊で受験準備も万全！

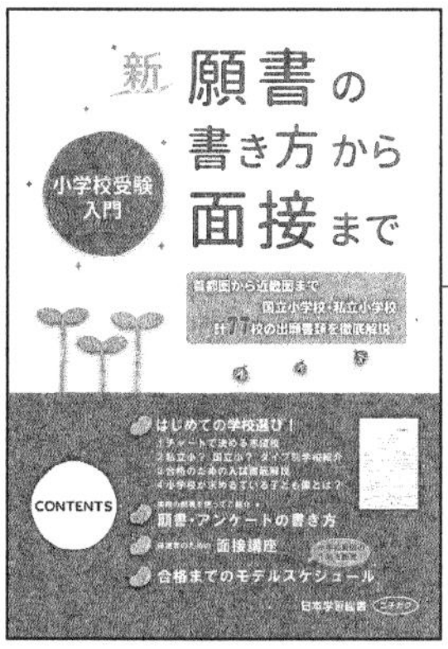

小学校受験入門 願書の書き方から面接まで リニューアル版

主要私立・国立小学校の願書・面接内容を中心に、学校選びや入試の分野傾向、服装コーディネート、持ち物リストなども網羅し、受験準備全体をサポートします。

小学校受験で 知っておくべき 125のこと

小学校受験の基本から怪しい「ウワサ」まで、保護者の方々からの125の質問にていねいに解答。目からウロコのお受験本。

新　小学校受験の 入試面接Q＆A リニューアル版

過去十数年に遡り、面接での質問内容を網羅。小学校別、父親・母親・志願者別、さらに学校のこと・志望動機・お子さまについてなど分野ごとに模範解答例やアドバイスを掲載。

新　願書・アンケート 文例集500 リニューアル版

有名私立小、難関国立小の願書やアンケートに記入するための適切な文例を、質問の項目別に収録。合格を掴むためのヒントが満載！願書を書く前に、ぜひ一度お読みください。

小学校受験に関する 保護者の悩みQ＆A

保護者の方約1,000人に、学習・生活・躾に関する悩みや問題を取材。その中から厳選した200例以上の悩みに、「ふだんの生活」と「入試直前」のアドバイス2本立てで悩みを解決。

日本学習図書株式会社

図書カード1000円分プレゼント

ご記入日　　年　月　日

☆国・私立小学校受験アンケート☆

※可能な範囲でご記入下さい。選択肢は○で囲んで下さい。

〈小学校名〉＿＿＿＿＿＿＿＿＿＿　〈お子さまの性別〉男・女　〈誕生月〉＿＿月

〈その他の受験校〉（複数回答可）＿＿＿＿＿＿＿＿＿＿

〈受験日〉①：＿＿月＿＿日　〈時間〉＿＿時＿＿分　～　＿＿時＿＿分

②：＿＿月＿＿日　〈時間〉＿＿時＿＿分　～　＿＿時＿＿分

〈受験者数〉男女計＿＿名　（男子＿＿名　女子＿＿名）

〈お子さまの服装〉＿＿＿＿＿＿＿＿＿＿

〈入試全体の流れ〉（記入例）準備体操→行動観察→ペーパーテスト

＿＿＿＿＿＿＿＿＿＿

Eメールによる情報提供

日本学習図書では、Eメールでも入試情報を募集しております。

下記のアドレスに、アンケートの内容をご入力の上、メールをお送り下さい。

ojuken@nichigaku.jp

●行動観察　（例）好きなおもちゃで遊ぶ・グループで協力するゲームなど

〈実施日〉＿＿月＿＿日　〈時間〉＿＿時＿＿分　～　＿＿時＿＿分　〈着替え〉□有　□無

〈出題方法〉□肉声　□録音　□その他（　　　　　）　〈お手本〉□有　□無

〈試験形態〉□個別　□集団（　　人程度）　〈会場図〉

〈内容〉

□自由遊び

＿＿＿＿＿＿＿＿＿＿

□グループ活動

＿＿＿＿＿＿＿＿＿＿

□その他

＿＿＿＿＿＿＿＿＿＿

●運動テスト（有・無）　（例）跳び箱・チームでの競争など

〈実施日〉＿＿月＿＿日　〈時間〉＿＿時＿＿分　～　＿＿時＿＿分　〈着替え〉□有　□無

〈出題方法〉□肉声　□録音　□その他（　　　　　）　〈お手本〉□有　□無

〈試験形態〉□個別　□集団（　　人程度）　〈会場図〉

〈内容〉

□サーキット運動

□走り　□跳び箱　□平均台　□ゴム跳び

□マット運動　□ボール運動　□なわ跳び

□クマ歩き

□グループ活動＿＿＿＿＿＿＿＿＿＿

□その他＿＿＿＿＿＿＿＿＿＿

●知能テスト・口頭試問

〈実施日〉 ＿＿月＿＿日 〈時間〉 ＿＿時＿＿分 ～ ＿＿時＿＿分 〈お手本〉□有 □無

〈出題方法〉 □肉声 □録音 □その他（　　　　　） 〈問題数〉 ＿＿枚 ＿＿問

分野	方法	内　　容	詳細・イラスト
（例） お話の記憶	☑筆記 □口頭	動物たちが待ち合わせをする話	（あらすじ） 動物たちが待ち合わせをした。最初にウサギさんが来た。次にイヌくんが、その次にネコさんが来た。最後にタヌキくんが来た。 （問題・イラスト） ３番目に来た動物は誰か 
お話の記憶	□筆記 □口頭		（あらすじ） （問題・イラスト）
図形	□筆記 □口頭		
言語	□筆記 □口頭		
常識	□筆記 □口頭		
数量	□筆記 □口頭		
推理	□筆記 □口頭		
その他	□筆記 □口頭		

●制作　（例）ぬり絵・お絵かき・工作遊びなど

〈実施日〉＿＿月＿＿日　〈時間〉＿＿時＿＿分　～　＿＿時＿＿分

〈出題方法〉　□肉声　□録音　□その他（　　　　　　）　〈お手本〉□有　□無

〈試験形態〉　□個別　□集団（　　　　人程度）

材料・道具	制作内容
□ハサミ	□切る　□貼る　□塗る　□ちぎる　□結ぶ　□描く　□その他（　　　　　　）
□のり（□つぼ　□液体　□スティック）	タイトル：＿＿＿＿＿＿＿＿＿＿＿＿
□セロハンテープ	
□鉛筆　□クレヨン（　色）	
□クーピーペン（　色）	
□サインペン（　色）□	
□画用紙（□ A4　□ B4　□ A3	
□その他：　　　　　）	
□折り紙　□新聞紙　□粘土	
□その他（　　　　　　）	

●面接

〈実施日〉＿＿月＿＿日　〈時間〉＿＿時＿＿分　～　＿＿時＿＿分〈面接担当者〉＿＿名

〈試験形態〉□志願者のみ（　　）名　□保護者のみ　□親子同時　□親子別々

〈質問内容〉

※試験会場の様子をご記入下さい。

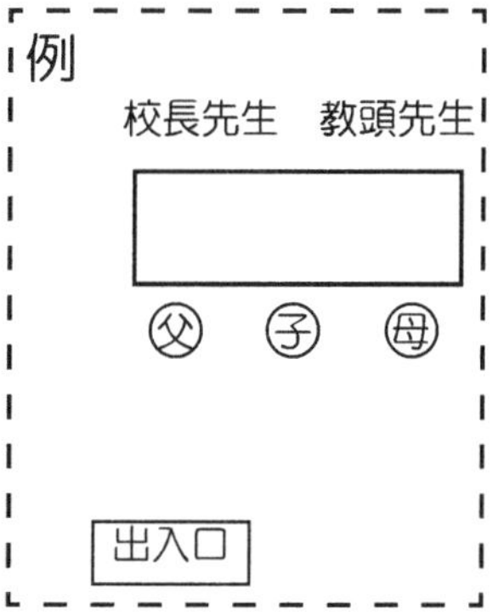

□志望動機　□お子さまの様子

□家庭の教育方針

□志望校についての知識・理解

□その他（　　　　　　　　　　）

（詳　細）

・

・

・

・

●保護者作文・アンケートの提出（有・無）

〈提出日〉　□面接直前　□出願時　□志願者考査中　□その他（　　　　　　　　）

〈下書き〉　□有　□無

〈アンケート内容〉

（記入例）当校を志望した理由はなんですか（150字）

●**説明会**（□有　□無）〈**開催日**〉　月　日〈**時間**〉　時　分　～　時　分

〈**上履き**〉□要　□不要〈**願書配布**〉□有　□無〈**校舎見学**〉□有　□無

〈**ご感想**〉

●**参加された学校行事**（複数回答可）

公開授業〈開催日〉　月　日〈時間〉　時　分　～　時　分

運動会など〈開催日〉　月　日〈時間〉　時　分　～　時　分

学習発表会・音楽会など〈開催日〉　月　日〈時間〉　時　分　～　時　分

〈ご感想〉

※是非参加したほうがよいと感じた行事について

●**受験を終えてのご感想、今後受験される方へのアドバイス**

※対策学習（重点的に学習しておいた方がよい分野）、当日準備しておいたほうがよい物など

＊＊＊＊＊＊＊＊＊＊＊＊＊　ご記入ありがとうございました　＊＊＊＊＊＊＊＊＊＊＊＊＊

必要事項をご記入の上、ポストにご投函ください。

なお、本アンケートの送付期限は入試終了後３ヶ月とさせていただきます。また、入試に関する情報の記入量が当社の基準に満たない場合、謝礼の送付ができないことがございます。あらかじめご了承ください。

ご住所：〒

お名前：　　　　　メール：

ＴＥＬ：　　　　　ＦＡＸ：

アンケートのご記入ありがとうございました

ご記入頂いた個人に関する情報は、当社にて厳重に管理致します。弊社の個人情報取り扱いに関する詳細は、www.nichigaku.jp/policy.php の「個人情報の取り扱い」をご覧下さい。

家庭学習をトータルサポート！ニチガクのオリジナル 効果的 学習法

1 まずはアドバイスページを読む！

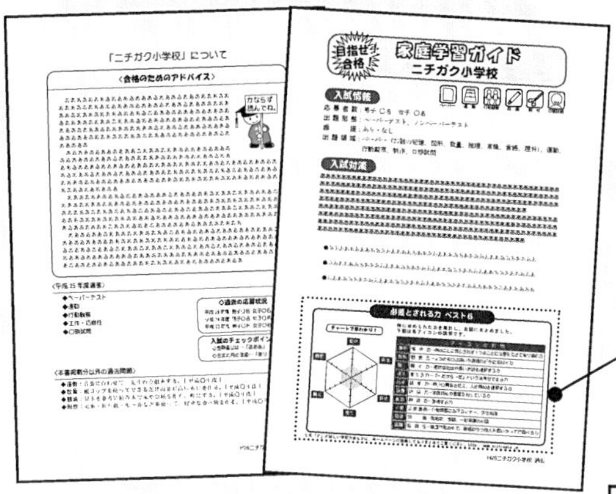

ピンク色です

対策や試験ポイントがぎっしりつまった「家庭学習ガイド」。分析内容やレーダーチャート、分野アイコンで、試験の傾向をおさえよう！

2 問題を全て読み、出題傾向を把握する

3 「学習のポイント」で学校側の観点や問題の解説を熟読

4 初めて過去問題にチャレンジ！

5 プラスα 対策問題集や類題で力を付ける

過去問のこだわり

各問題に求められる「力」

分野だけでなく、各問題の求められる「力」をアイコンで表記！アドバイスページの分析レーダーチャートで力のバランスも把握できる！

各問題のジャンル

問題1 分野：数量（計数）　集中 観察

〈準備〉 クレヨン

〈問題〉 ①虫がたくさんいます。それぞれの虫は何匹いますか。下のそれぞれの絵の右側に、その数だけ緑色のクレヨンで○を書いてください。
②果物が並んでいます。それぞれの果物はいくつありますか。下のそれぞれの絵の右側に、その数だけ赤色のクレヨンで○を書いてください。

〈時間〉 1分

出題年度

〈解答〉 ①アメンボ…5、カブトムシ…8、カマキリ…11、コオロギ…9
②ブドウ…6、イチゴ…10、バナナ…8、リンゴ…5

［平成25年度出題］

学習のポイント

①は男子、②は女子で出題されました。１次試験のペーパーテストは、全体的にオーソドックスな内容で、特別に難易度が高い問題ではありません。しかし、解答時間が短く、解き終わらない受験者も多かったようです。本問のような計数問題では、特に根気よく、数え落としがないように進めなければなりません。そのためにも、例えば、左上の虫から右に見ていく、もしくは縦に見ていく、というように、ルールを決めて数えていくこと、また、○や×、△などの印を虫ごとに付けていくことで、数え落としのミスを減らせます。時間は短いため焦りがつきものですが、落ち着いて取り組めるよう、少しずつ練習していきましょう。

【おすすめ問題集】
Ｊｒ・ウォッチャー14「数える」、37「選んで数える」

学習のポイント

各問題の解説や学校の観点、指導のポイントなどを教えます。
保護者の方が今日から家庭学習の先生に！

おすすめ対策問題集

分野ごとに対策問題集をご紹介。苦手分野の克服に最適です！
＊専用注文書付き。

2021年度版
近畿大学附属小学校・帝塚山小学校
過去問題集

発行日　2020年5月12日
発行所　〒162-0821　東京都新宿区津久戸町 3-11-9F
日本学習図書株式会社
電　話　03-5261-8951 ㈹

“たのしくてわかりやすい”

授業を体験してみませんか

「わかる」だけでなく「できた!」を増やす学び

個性を生かし伸ばす一人ひとりが輝ける学び

くま教育センターは大きな花を咲かせます

学力だけでなく生きていく力を磨く学び

自分と他者を認め強く優しい心を育む学び

子育ての楽しさを伝え親子ともに育つ学び

がまん げんき やくそく

「がまん」をすれば、強い心が育ちます。
「げんき」な笑顔は、自分もまわりの人も幸せにします。
「やくそく」を守る人は、信頼され、大きな自信が宿ります。
くま教育センターで、自ら考え行動できる力を身につけ、
将来への限りない夢を見つけましょう。

- 久保田式赤ちゃんクラス（0歳からの脳力トレーニング）
- 5歳・6歳 算数国語クラス
- リトルベアクラス（1歳半からの設定保育）
- 4歳・5歳・6歳 受験クラス
- 2歳・3歳・4歳クラス
- 小学部（1年生〜6年生）

くま教育センター

FAX 06-4704-0365　TEL 06-4704-0355

〒541-0053 大阪市中央区本町3-3-15

- 大阪メトロ御堂筋線「本町」駅より⑦番出口徒歩4分
  C階段③番出口より徒歩4分
- 大阪メトロ堺筋線「堺筋本町」駅⑮番出口徒歩4分

本町教室　堺教室　西宮教室　奈良教室　京都幼児教室